MANUAL PARA EL TALLER DE ENRIQUECIMIENTO MATRIMONIAL

EDITORIAL UNILIT

Creciendo en el Amor Conyugal

TOMO I

Marilynn L. Hamilton
y Keith E. Hamilton

Publicado por
Editorial **Unilit**
Miami, Fl. 33172

Primera edición 1997

Cubierta diseñada por: Ximena Urra

Producto: Tomo I: 497365 ISBN 0-7899-0299-0
Producto: Tomo II: 497366 ISBN 0-7899-0447-0
Impreso en Colombia
Printed in Colombia

DEDICATORIA

Dedicamos esta obra a nuestros hijos e hijas y a sus amados cónyuges:

Laura Christine y su esposo Thomas LaVern
Timothy Keith y su esposa Grace Elizabeth
David Joel y su esposa Christine Ruth
Elizabeth Laverne

y a todas las **parejas facilitadoras** presentes y venideras, comprometidas a ayudar a otras parejas en el crecimiento matrimonial, deseando que el Señor Jesucristo derrame su gracia sobre **ellos y sus familias para Su honra y gloria**.

Dios es "fiel, que guarda el pacto y la misericordia a los que le aman y guardan sus mandamientos, hasta mil generaciones" (Deuteronomio 7:9).

CONTENIDO

EL TALLER DE ENRIQUECIMIENTO MATRIMONIAL (TEM)

♥♪♥

PRÓLOGO

♥♪♥

Es una nueva experiencia para mí escribir el prólogo de unos libros que no puedo leer, porque están escritos en un idioma que no hablo. Yo sé que será traducido cuidadosamente, pero además creo que hay un lenguaje del Espíritu Santo que excede mis palabras y que hará claro el mensaje de mi prólogo.

Yo he leído una traducción al inglés de estos libros de una edición previa. También, he hablado largamente con sus autores, Marilynn y Keith Hamilton, acerca de sus experiencias adquiridas al trabajar en pro de los matrimonios latinoamericanos, en un ambiente cultural diferente al suyo.

En mi correspondencia y conversaciones con los Hamilton, tres palabras sobresalen muy claramente: NECESIDAD, PREVENCIÓN, y DEDICACIÓN. En su trabajo en América Latina ellos percibieron en todos lados, hambre de ayuda y guianza por aprender cómo fortalecer matrimonios y familias y cómo frenar su descomposición y ruptura. Precisamente fue en respuesta a este llamado que los Hamilton tomaron el entrenamiento en Enriquecimiento Matrimonial y se dedicaron a compartir todo lo que aprendían, escuchando atentamente las inquietudes del pueblo latino con el fin de adaptar estos principios transculturales a sus necesidades y oportunidades.

Mi esposo, David Mace (quien ya está con el Señor) y yo compartimos 57 años de matrimonio, y el día de nuestra boda, en el momento de los acostumbrados brindis y felicitaciones, informamos a nuestras familias y amigos que creíamos firmemente que Dios nos llamaba a "trabajar para alcanzar mejores matrimonios, comenzando con el nuestro."

Esta frase se convirtió en nuestro lema, y la visión detrás de estas palabras nos condujo a través de los años a llevar nuestro mensaje a 61 países diferentes, escribir 33 libros sobre el matrimonio y la familia y tener el privilegio de trabajar con organizaciones internacionales afines a nuestro ministerio por todo el mundo. Por eso, estoy escribiendo este prólogo con la convicción sincera de que APEMAL (Asociación de Parejas en Enriquecimiento Matrimonial de América Latina) verdaderamente está trabajando para mejorar matrimonios.

Mientras escribo, un nuevo año ha comenzado y a la vez celebro un nuevo año de vida. En esta época del año siempre viene a mi mente un hermoso poema que llegó a mis manos hace muchos años, una inspiración de Minnie Louisa Haskins (1875-1957):

> "Yo le dije al hombre que se paró en el portal del año:
> 'Dame una luz para que yo pueda caminar con seguridad
> hacia lo desconocido.'
> Y él respondió: 'Atraviesa las tinieblas y pon tu mano
> en la mano de Dios.
> Esto será mejor para ti que una luz en el sendero,
> y más seguro que un camino conocido.'"

Es mi oración que los que acudan a estos libros por primera vez descubran que están en las manos de Dios. Estoy segura de que quienes escribieron estos libros y aquellos que están trabajando bajo su guianza para compartir los talleres con otros, verdaderamente están en las manos de Dios.

Mi invitación es para que luchemos juntos a fin de lograr mejores matrimonios, comenzando con los nuestros.

Vera Macc
Black Mountain
North Carolina, 28711
1997, U.S.A.

La doctora Vera de Mace celebró 95 años de vida en enero de 1997. Ella y su esposo, el doctor David Mace, fundaron A.C.M.E. (The Association for Couples in Marriage Enrichment) en 1973. Los esposos Mace fueron pioneros y líderes mundiales del movimiento de Enriquecimiento Matrimonial por muchos años.

UNA CARTA AL LECTOR

♥♪♥

Estimado amigo:

Declaración misionera: Lo que tiene en sus manos es un libro cuyo **propósito** es fomentar un movimiento nuevo y transformador para enriquecer matrimonios en el mundo de habla hispana. A través de un proceso que ha probado ser eficaz las parejas reciben **principios bíblicos** y **preventivos** aplicables a sus propios matrimonios.

Desde el comienzo, el plan de Dios ha sido crear **una familia de amor** que incluiría a toda persona. Su promesa a Abraham fue: "Serán benditas en ti todas **las familias** de la tierra" (Génesis 12:3;28:14). Su Hijo declaró: "Todo aquel que hace la voluntad de mi Padre que está en los cielos, ése es mi **hermano, y hermana, y madre**" (Mateo 12:50). San Pablo escribió a los Efesios: "Así que,... sois... miembros **de la familia** de Dios" (2:19). En la visión del Cordero inmolado de Apocalipsis, los seres vivientes y los ancianos cantan un nuevo cántico al Cordero quien con su sangre había "redimido para Dios de **todo linaje**" (5:9), para reunirlos en la cena de **las bodas** del Cordero (19:7,9). Una familia de amor que incluiría a toda persona y a toda familia ha sido y es la visión, el plan, el deseo de Dios. Sólo con matrimonios sanos puede haber familias sanas. También, es la visión de APEMAL.

"El enriquecimiento matrimonial se funda en el principio de que los cónyuges y sólo ellos determinarán el futuro de su relación matrimonial. Cada pareja tiene dentro de sí misma los recursos y la habilidad para intencionalmente dirigir su relación matrimonial hacia un crecimiento positivo. El cambio es inevitable, pero el desarrollo en una dirección positiva es el resultado de cuidadosa planificación y esfuerzo" (el doctor David Mace y la doctora Vera de Mace).

Este juego de libros contiene manuales para llevar a cabo **los cuatro talleres** y los **cuatro niveles** de entrenamiento de enriquecimiento matrimonial. El primer libro, **"Creciendo en el amor conyugal - Tomo I"** (Nivel I), contiene el **Taller de Enriquecimiento Matrimonial**. El segundo libro, **"Creciendo en el amor conyugal - Tomo II"** (Niveles II,III y IV y el **Taller Pre-Matrimonial**), incluye todo lo necesario para enseñar el **TEM** y entrenar a parejas que puedan promover el movimiento de enriquecimiento matrimonial en América Latina. Por eso, para hacerse partícipes en esta obra tan decisiva, es necesario tener a su disposición los dos libros. El juego incluye detalles para poder llevar a cabo:

1. **Nivel I:** el **Taller de Enriquecimiento Matrimonial (TEM)** de 20 horas;
2. **Nivel II**: el **Taller Básico de Entrenamiento (TBE)** de 24 horas (un total de 44 horas) para preparar a parejas facilitadoras quienes pueden dirigir el TEM (Nivel I);
3. **Nivel III**: el **Taller de Entrenamiento Avanzado (TEA)** de 16 horas (un total de 60 horas) para adiestrar a instructores de parejas facilitadoras;
4. **Nivel IV**: los **pasos requeridos** para llegar a ser instructores avanzados para entrenar a parejas instructoras;
5. El **Taller Pre-Matrimonial (TPM)** de 20 horas, una adaptación del TEM para novios; y
6. Amplios **recursos** y **apéndices** muy útiles.

Las estadísticas demuestran que la necesidad en cada nación es espantosa. Cada vez hay más y más matrimonios destruidos, más familias separadas, más niños profundamente heridos. El mundo carece desesperadamente de lo que este juego de libros le ofrece.

Hace poco una pareja pastoral, líderes de una denominación evangélica de Chile, nos contaron cómo habían orado el año entero, buscando alguna forma para ayudar a matrimonios. Después de participar en un Taller Básico de Entrenamiento, gozosamente dijeron que ya tenían la respuesta a su oración. Dos parejas de psicólogos de Colombia declararon que los talleres son dinamita. Líderes de una amplia variedad de iglesias y misiones tanto como parejas de la comunidad en general han declarado que la experiencia del taller es de inestimable valor. Los testimonios de aprecio y gratitud se multiplican con cada taller. Una pareja en Argentina escribió: "Los talleres tienen mucha riqueza. Los comparo a un diamante que tiene muchos y variados cortes, los cuales expuestos a la luz emiten múltiples colores. Traen sanidad, restauración, rompen barreras, ministran gracia, y constituyen una eficaz herramienta en la obra misionera. Matrimonios sanos son la base de familias e iglesias sanas que pueden traer sanidad a la sociedad."

Congregaciones en Argentina, Bolivia, Chile, Colombia, Paraguay, el Uruguay, y Venezuela ya tienen equipos de parejas facilitadoras y un buen número de ellos están recibiendo entrenamiento como instructores (Niveles III y IV). Estas iglesias quieren desarrollar un ministerio a parejas por toda su región. Además, algunas parejas de instructores han pedido permiso para llevar estos talleres y materiales a países de Europa y América Central. Cabe decir que es un gran privilegio ver al Señor Jesucristo manifestándose, obrando en las vidas de las parejas en cada uno de los talleres. Un grupo de parejas, al observar los cambios experimentados por una pareja durante su Exploración Matrimonial de Profundidad, gracias a la obra restauradora y reconciliadora del Espíritu Santo, y la eficacia de la práctica de los principios del Ciclo de la Comunicación, exclamaron admirados: "¡De veras, estos principios, sí son de Dios!"

Características especiales y esenciales de los talleres:

1. Los Talleres de Enriquecimiento Matrimonial tienen **un solo propósito**: Engrandecer el amor conyugal que ya existe entre las dos personas. Así que, dondequiera que se encuentren en su relación matrimonial, la pareja puede decidir lo que quiere realizar y juntos moverse en esa dirección. El taller les da las herramientas para realizar esa meta.

2. Por eso, los **candidatos** para los talleres pueden ser:
    a. parejas recién casadas o casadas por muchos años,
    b. jóvenes o personas de edad,
    c. parejas con un buen matrimonio o parejas con desafíos serios. El secreto es que los dos estén comprometidos a crecer en su relación.

3. Al comienzo de cada sesión hay un **Bosquejo global** que indica:
    a. la etapa,
    b. las enseñanzas y los ejercicios a desarrollarse en esa sesión,
    c. las páginas donde se encuentran, y
    d. los minutos aproximados que se requieren para realizar cada actividad.

4. La experiencia se rige por **reglas básicas** que fomentan:
    a. la máxima seguridad y autorresponsabilidad, empleando mensajes que comienzan con "yo",
    b. compartir de experiencias propias positivas,
    c. la confidencialidad, y
    d. la participación voluntaria.
    e. No se ofrecen ni diagnósticos ni consejos.

5. Esta experiencia es única. No es un seminario, sino un **taller** dinámico para cinco a ocho parejas, guiado por una pareja facilitadora. Su propósito es **preventivo**: Es decir, equipar a las parejas participantes para que puedan intencionalmente dirigir su relación matrimonial hacia un crecimiento positivo. Después de cada enseñanza los participantes inmediatamente la ponen en práctica a través de ejercicios bien

enfocados que ellos preparan individualmente, y luego conversan entre cónyuges. Finalmente, si lo desean, pueden compartir en forma apropiada con el grupo entero. A través de este proceso las parejas descubren que:

a. las nuevas herramientas (los principios preventivos) son nítidas y eficaces, y
b. sus desafíos matrimoniales son muy parecidos a los de otras parejas. De esta manera se animan a crecer.

6. A través del taller se desarrolla un **proceso** de crecimiento o enriquecimiento, cuidadosamente diseñado y armado. Cada experiencia se edifica sobre la anterior. Por eso, para recibir el mayor provecho y alcanzar la mayor eficacia de la experiencia, se sugiere que **no** salten ningún paso del proceso. Tampoco es necesario inventar material adicional.

7. Las **enseñanzas** son una combinación de principios bíblicos y los principios preventivos de enriquecimiento matrimonial. Los dos son transculturales.

8. Los **ejercicios** se presentan en dos formas, escritas y orales, y pueden ser adaptados según las necesidades de cada persona.

9. Los **devocionales** son optativos y así pueden ser usados o adaptados, según el criterio de los líderes, con grupos de iglesia o con grupos de comunidad.

10. El taller siempre se guía por una pareja. Esta pareja facilitadora no se presenta como experta, sino como otra **pareja participante**, que también busca crecer en su relación matrimonial.

11. El vocabulario es **multinacional**. Palabras alternativas se encuentran entre paréntesis.

12. Todas las **instrucciones** de los dos tomos son muy específicas. Las **palabras** que la pareja facilitadora puede decir para guiar el taller se encuentran entre comillas.

13. El **costo** de los talleres se mantiene a un nivel reducido para que puedan ser accesibles a toda persona.

14. Con su permiso y apoyo moral, empleamos el proceso, metodología y técnicas de **la Asociación de Parejas en Enriquecimiento Matrimonial** (The Association for Couples in Marriage Enrichment **A.C.M.E.**), una organización de renombre internacional fundada por el doctor David Mace y la doctora Vera de Mace.

15. La meta es entrenar a grupos de parejas instructoras avanzadas quienes pueden formar una red de Comités Regionales de Entrenamiento y Certificación en cada país de América Latina. Ellos se denominarán la **Asociación de Parejas en Enriquecimiento Matrimonial de América Latina de _______ (nombre del país), APEMAL _______** (por ejemplo, **Chile**).

Con el propósito de que este movimiento siga adelante multiplicándose, disponible a un mayor número de personas, se ha decidido:

1. Trata de que las instrucciones en los manuales sean tan claras y específicas que toda pareja comprometida a trabajar con otras parejas pueda seguirlas y así dirigir un taller con éxito.
2. Explicar cómo y dónde personas interesadas pueden recibir más entrenamiento y la certificación como parejas facilitadoras y parejas instructoras.

Los mismos participantes de los talleres insisten en que subrayemos **el valor de experimentar el TEM, el TBE, el TEA y el TPM en grupo**. Así que, sugerimos muy encarecidamente que ustedes como pareja busquen a otras parejas (5 a 8) que también quieren prepararse para este ministerio, y con los libros en sus manos, sigan las direcciones indicadas en cada página. Otra posibilidad sería comunicarse con el **Centro de instrucción** más cercano, experimentar los talleres, y entrenarse para ser una pareja certificada. Así se prepararán para **dirigir** Talleres de Enriquecimiento Matrimonial y **guiar** a otros grupos de parejas hacia el crecimiento positivo.

Requisitos para las certificaciones: En la Sesión VI, Asuntos Finales del Taller Básico de Entrenamiento (TBE) se detalla cómo usted y su cónyuge pueden llegar a ser una pareja facilitadora (Nivel II). En las páginas introductorias del Taller de Entrenamiento Avanzado (TEA) se explican los pasos necesarios para certificarse como una pareja instructora (Nivel III) y una pareja instructora avanzada (Nivel IV).

Dónde pueden certificarse. Para recibir información acerca del lugar más cerca de ustedes, pueden escribir o telefonear a una de las **parejas instructoras** de la lista de **Centros de instrucción** que se encuentra al final de cada uno de estos dos libros.

Le agradecemos su estudio y uso del material que sigue. Lo que proponemos es fomentar y participar en la revolución que el Señor Jesús inició: la revolución de la levadura, la sal, la luz.

Cordialmente,

Marilynn y Keith Hamilton

PALABRAS PREVIAS

♥♪♥

Agradecemos:

» a la **Association for Couples in Marriage Enrichment (A.C.M.E.)**, P.O. Box 10596, Winston-Salem, NC 27108, teléfono: 910-724-1526 o 1-800-634-8325, por su permiso para usar sus materiales y por la obra fiel y dinámica de sus líderes. También por los fundadores, los esposos **David y Vera Mace**, por su obra pionera en la creación de los principios preventivos, su libro perspicaz y original *Love and Anger in Marriage* y el folleto, *Marriage Enrichment, the Life Work of Drs. David and Vera Mace*, Larry Roth, editor;

» a los esposos **Phyllis y Randy Michael**, los editores de *Basic Training Workshop Participant Guide and Resource Manual* (A.C.M.E.), por el uso de su "Arco Iris de la Comunicación", su enseñanza transformadora y su modelo excelente;

» a los esposos **Genie y Preston Dyer** por su obra tan fundamental a toda la experiencia, *Marriage Enrichment Process, Methods and Techniques*;

» a **Sarah Catron** por su folleto sagaz e inspirador "Creating Intimacy";

» a los esposos **James y Doris Long** quienes nos ofrecieron sus materiales en español;

» a **Marla Fosmire O'Neill,** M.D., **Alberto Diomede**, E.E., y **Enrique Píppolo**, M.D. ginecólogo por sus contribuciones profesionales;

» a la **Iglesia Evangélica Metodista en Bolivia**, y a **Juventud Con Una Misión, Chile** por ser los primeros en América Latina en extendernos sus invitaciones y apoyo; y a las **muchas iglesias en América del Sur** que con amor sincero nos han abierto sus brazos;

» a **Judith Bocangel de Robison, Ruth Afcha de Dahlstrom, Amalia Corvalán de Canales, Abel Nejaz Mendoza, Johanna Gallmetzer de Nejaz, Marcela Chávez de Yañez, David Joel y Christine Ruth Hamilton, Benjamín Parra, Daniel Etchart, Pablo Cerquera, Victor Gallo, Ruth y Julio Acuña, Sonia y Edgar Surenian, Leonidas Vásquez, Carlos y Diana Echeverri, Roberto Hernández, Gregorio y Marlene López, Marcela Díaz de Barahona, y Freddy Peña** por las muchas horas cariñosamente regaladas a la obra editorial;

» a **todas las parejas participantes** en Argentina, Bolivia, Chile, Colombia, Paraguay, el Uruguay y Venezuela, procedentes de aquellos países más las naciones de Alemania, Bélgica, Brasil, Canadá, Ecuador, El Salvador, Escocia, España, los Estados Unidos de Norteamérica, Gales, Honduras, Inglaterra, Irlanda, México, el Perú y Suiza, de habla hispana, aymara, guaraní, quechua, alemán e inglés, por sus reflexiones, inspiración, y calurosa acogida;

» ante todo a **Dios** por esta oportunidad de servirle y soñar con Él la venida de su glorioso reino cuando toda persona y toda familia conocerá y vivirá su amor.

UNA PARÁFRASIS

♥♪♥

Les dije, pues:

Vosotros veis el mal en que estamos,
que nuestros hogares están desiertos,
y sus puertas consumidas por el fuego;
Venid, y edifiquemos los muros de la comunicación
y el uso creativo del conflicto,
y no estemos más en oprobio.
Entonces les declaré cómo la mano de mi Dios
había sido sobre nuestro hogar,
y asimismo las palabras que el rey me había dicho.
Y dijeron: Levantémonos y edifiquemos.
Así esforzaron sus manos para bien.

Nehemías 2:17,18
(Versión APEMAL)

Carlos y Diana Echeverri
Pareja instructora, Colombia

MATERIALES

EL TALLER DE ENRIQUECIMIENTO MATRIMONIAL (TEM)

♥♪♥

A La **pareja facilitadora** comprará con las cuotas pagadas de antemano (a la pareja coordinadora local) por los participantes confirmados del taller:

1. Una fotocopia por **persona** de cada uno de los veinte ejercicios. En caso de que los recursos sean escasos, recomendamos que empleen la forma oral de los ejercicios en vez de la forma escrita (que requiere las fotocopias).

   Los ejercicios Nº 3 "El Ciclo de la Comunicación" y Nº 4 "El Arco Iris de la Comunicación" que se encuentran en el Apéndice B deben ser fotocopiados en combinación en una sola hoja y luego plastificados o colocados en un folio (funda, acetato).

2. Marcadores (plumones permanentes y de punta ancha, fibrones) de variados colores, 3 ó 4 por **pareja**.

3. Una carpeta tamaño carta por cada **persona** para archivar los materiales.

4. Unas diez (10) hojas de papel blanco de tamaño carta por **persona**.

5. Unos tres (3) pliegos (pliegues) de papel mantequilla (sábana, manteca, molde, afiche, papel revolución, tirro, cebolla, croquis) para la enseñanza, más un pliego por **pareja**.

6. Tarjetitas blancas (de cartulina) de identificación (distintivos, gafetes, scarapelas) para **todos**.

7. Cinta adhesiva (masking tape, papel engomado o enmascarado, cinta para enmascarar, cinta adhesiva de papel crepé) para colgar los afiches (carteles, carteleras, pósters, láminas) de enseñanza y para las tarjetitas de identificación (distintivos, gafetes, scarapelas).

8. Un lápiz grafito con goma (lápiz de mina o lápiz de carbón) o punta bola (lápiz a pasta, lapicera, birome, bolígrafo) para cada **participante**.

9. Grabadora de casete y música grabada apropiada.

10. Ocho pedazos grandes de nylon o plástico delgado para poner debajo de los pliegos de papel para proteger las mesas cuando las parejas dibujen. (Optativo.)

11. Sesión III: Palomitas de maíz (pipoca, cabritas, pororó, crispetas, canchita, cotufa, maíz pira), tostados, maní, pasas o galletitas saladas para un ejercicio, servilletas de papel o vasos de plástico para servirlo y papelitos para escribir preguntas sobre la sexualidad.

12. Sesión V: Los preparativos para la Santa Cena, menos los elementos de pan y jugo de uva. También, un mate por pareja para decorar o una vela blanca corriente (25 cm) por matrimonio. (Mate es una bebida del cono sur de Sudamérica. También, el mate es el recipiente vegetal que contiene la bebida.) Para decorar el mate se pueden usar marcadores de colores permanentes. Para decorar la vela, dos rollos de cintela (listón) de regalo (1 celeste y 1 rosado), un rollo de scotch (durex), y 3 ó 4 tijeras.

13. Hojas de papel con "Contact" para plastificar (enmicar) "El Ciclo de la Comunicación" y "El Arco Iris de la Comunicación", o folios (fundas, acetatos) de plástico (nylon).

B. **La pareja coordinadora local preparará y/o pedirá:**

1. Una Biblia: la Reina Valera (1960) por pareja.

2. Un pequeño refrigerio para cada sesión.

3. Sillas movibles (1 por persona) arregladas en círculo en una sala aseada y amplia que permita algo de movimiento.

4. Alguien para guiar cantos de alabanza y tocar guitarra.

5. Transportación (movilización, medio de transporte) para llevar a la pareja facilitadora y los materiales al lugar de encuentro y a casa al fin del taller.

6. Sesión V: Para la Santa Cena: pan y jugo de uva, fósforos y dos almohadas para que las parejas se arrodillen para recibir la Santa Cena.

Nota: Se anticipa un máximo de 8 parejas en cada taller, o sea 16 personas participantes, más la pareja facilitadora. Se sugiere que la pareja coordinadora local tenga los nombres de otras dos o tres parejas interesadas en una lista de espera, en caso de que algunas de las parejas inscritas se retiren de la nómina al último momento.

INSTRUCCIONES GENERALES

EL TALLER DE ENRIQUECIMIENTO MATRIMONIAL (TEM)

♥♪♥

Cómo organizarlos:

El propósito del **Taller de Enriquecimiento Matrimonial (TEM)** es aumentar el amor conyugal que ya existe entre la pareja. Es dirigido por una **pareja facilitadora certificada**. Esta pareja es responsable, en colaboración con el liderazgo local, de decidir el horario específico que el grupo desea seguir para cumplir las **veinte** horas de experiencia, fuera de los horarios de desayuno, almuerzo, y comida. La experiencia indica que hay mejores resultados cuando el TEM (si se realiza sin el Taller Básico de Entrenamiento) se auspicia por una **iglesia local/parroquia/agrupación** con no más de una o dos congregaciones participando. Este arreglo fomenta la toma de responsabilidad de la pareja pastoral o una pareja coordinadora por su rebaño/grupo y su involucramiento en los estudios. Además, facilita la formación de **Grupos de crecimiento** y la continuación del crecimiento matrimonial de las parejas participantes. El taller está diseñado para entrenar a **cinco a ocho parejas**. Cada momento se ha contado y se dedica a alguna enseñanza o ejercicio inspirador, espiritual y práctico. Es impresionante como las horas vuelan. Ustedes pueden elegir uno de una variedad de horarios, según las posibilidades de las personas involucradas. Para que ustedes aprovechen esta experiencia al máximo ofrecemos las siguientes observaciones y opciones.

(1) Frecuentemente, a la conclusión de un taller que se ha llevado a cabo en sesiones nocturnas u otro arreglo por el cual los participantes vienen y se van, las mismas parejas nos dicen: "Habría sido mejor experimentar el taller en un lugar de retiro." Es verdad que cuando las parejas vienen y se van la calidad del evento tiende a disminuir: (a) por la llegada atrasada de algunos de los participantes; y (b) por conflictos con obligaciones rutinarias del empleo o de la casa. Por todo esto es importante planear los talleres con anticipación. Así que, lo más preferible y acogedor es que, cuando sea posible, los talleres se lleven a cabo en un **lugar de retiro** (una amplia casa particular, un lugar de retiro de la iglesia, o un hospedaje comercial), escogido por la pareja coordinadora local en consulta con la pareja facilitadora. Cada taller se realizará en un período de dos o tres días, según la distancia de sus casas, los recursos disponibles, y el número de noches que las parejas quieren estar fuera de sus hogares. Si quieren llevar el taller a cabo en forma más relajada, pueden extenderlo a tres días.

Un posible horario para el retiro sería:

	Sábado	**Domingo (u otro Sábado)**
08:00 a 09:00	Desayuno	Desayuno
09:00 a 13:00	Sesión I	Sesiones III (mitad) y IV (mitad)
13:00 a 14:00	Almuerzo/Comida	Almuerzo/Comida
14:00 a 18:00	Sesión II	Sesiones IV (mitad) y V (mitad)
18:00 a 19:00	Refrigerio/La Once/Merienda, o Cena	Refrigerio/La Once/Merienda, o Cena
19:00 a 21:00	Sesión III (mitad)	Sesión V (mitad final)

(2) **Cuando un lugar de retiro no sea posible** y las parejas necesiten regresar a sus casas de noche, se recomienda que los talleres se lleven a cabo en una iglesia o en una casa particular donde no haya interrupciones, puedan comer juntos durante el día, y el grupo pueda estar tranquilo en "retiro espiritual". Dondequiera que sea, debe ser un lugar de **silencio y tranquilidad**, donde no se oye el ruido de la calle. Esta opción requiere menos recursos. En los países donde no se trabaja los sábados por la mañana, **el taller puede llevarse a cabo en dos sábados sucesivos**, sin que los participantes pasen la noche fuera de casa. El primer sábado pueden cumplir Sesiones I, II y la primera mitad de III, así completando la enseñanza sobre la comunicación. Luego, la pareja facilitadora puede dar tareas sobre ese tema a los participantes para que lo practiquen durante la semana. El segundo sábado pueden cumplir Sesiones III (segunda mitad), IV y V. El horario cada sábado puede ser el mismo que el horario sugerido para el retiro, pero llevado a cabo en dos sábados en vez de dos días seguidos. Así los participantes terminarán a buena hora para volver a casa y prepararse para el domingo. Esta opción también puede ser muy eficaz.

(3) **En verdad, pueden crear cualquier horario que esté al alcance de los participantes para cumplir las veinte horas**: sea de **cinco noches** seguidas, **cinco semanas** consecutivas, o **diez semanas** consecutivas (enseñando la mitad de una sesión o sea dos horas cada semana), con la posibilidad de dar ejercicios a las parejas para que ellas practiquen los principios enseñados entre sesiones.

NOTA: Debido a que los dos cónyuges necesitan estar libres para enfocarse enteramente en su relación, se permite solamente la presencia de bebés de pecho, o sea, antes de que caminen. El taller es para matrimonios. Luego los niños serán los primeros en beneficiarse.

En una ciudad en Chile los jóvenes de la iglesia ofrecieron ir a las casas de las parejas participantes, no sólo para cuidar a los hijitos de ellos, sino para bendecirlos en forma especial mientras los papás participaban en el taller. Fue una experiencia memorable para todos.

Preparación de la sala de reunión y de la pareja facilitadora:

Es importante la preparación del lugar donde se desarrollará el taller: limpio, arreglado con espacio suficiente para moverse, teniendo en cuenta la cantidad de parejas convocadas, con baños y agua para beber cerca. Es bueno disponer **pares** de sillas movibles y cómodas en un **círculo** y unas **mesas en el contorno** de la sala donde las parejas puedan trabajar cuando se les indique. Se sugiere que los facilitadores procuren llegar a lo menos una media hora antes de la hora programada. Es importante una acogida calurosa para favorecer el buen comienzo de las sesiones. En afiches (carteles, pósters) al alcance de la vista pongan las Reglas Básicas, la regla de oro, y otros afiches (carteles, pósters) de enseñanzas clave de cada sesión. **Registro de participantes**: Se sugiere que tengan preparada una mesa cerca de la puerta de la sala de reunión donde puedan inscribir a las parejas según vayan llegando. Para este propósito, pueden fotocopiar el formulario que se encuentra al comienzo del Apéndice B.

También es importante la preparación de las personas (facilitadores). En lo posible deben estar descansadas con el rostro relajado, ropa limpia cómoda, aseadas, bien peinadas, etc. No olvidemos que es una cita con nuestro compañero conyugal íntimo. Por lo tanto, nuestra presentación personal debe ser hecha con excelencia.

Los gastos: (Vea, también, la Hoja Informativa, Nº VI)

Se sugiere que la pareja facilitadora (o la pareja coordinadora local cuando más convenga) compre la mayor parte de los **materiales** necesarios para el taller para estar segura de tenerlos listos. Con ese fin, es aconsejable que la pareja facilitadora haga un cálculo del costo de los materiales y avise a la pareja organizadora local para que ella lo recoja de antemano de los participantes confirmados, preferiblemente en el momento de inscribirlos. El costo promedio de los **materiales** varía mucho, según el país. Así que, se sugiere que la pareja organizadora local haga los cálculos para su región y cobre a los participantes de acuerdo con la lista de materiales requeridos para cada taller más el costo del juego de los libros. (Los libros recién se requieren para el TBE, pero pueden ser comprados en cualquier momento.) Las cuotas para los materiales no debían ser reembolsables. Así puede haber mayor sentido de responsabilidad de parte de los participantes, y la pareja facilitadora que da el taller no quedará con una cuenta no pagada. A la vez se aconseja que la pareja coordinadora local recoja de antemano de los participantes confirmados sus cuotas para alojamiento, comida, refrigerio, u otros gastos a ser compartidos, y que el costo de estos, más los gastos y viáticos de la pareja facilitadora, se repartan entre los participantes.

Habrá algunas parejas que necesitan ser becadas para poder participar en un taller. Para éstas, quizás la iglesia misma puede buscar maneras de recaudar fondos y luego invitarles a compartir la experiencia. Por otra parte habrá parejas (ej., profesionales) en condiciones de hacer un aporte mayor y éstas apreciarán más la experiencia si se les cobra una cantidad acorde. Los mismos talleres deben generar los recursos para autosostenerse: una ofrenda de amor.

Indicaciones para enseñar:

1. La pareja facilitadora puede hablar directamente todas las palabras entre comillas en el texto. Si no hay comillas, son instrucciones y no hay que leerlas, sino cumplirlas.

2. Cómo confeccionar los afiches (carteles, carteleras, pósters, láminas):
(Vea Apéndice C: Sugerencias para la preparación de los afiches y el contenido de cada afiche [cartel, pósters]. Usamos afiches en preferencia a cualquier otro tipo de audiovisual porque: (1) hace los talleres accesibles a toda persona en todo lugar; y (2) a veces es muy útil poder ver una variedad de afiches simultáneamente.)

3. Se puede poner en lápiz al margen del texto sus iniciales, para indicar quién hablará cual párrafo o segmento de cada sesión. Así, cada uno de la pareja puede estudiar su parte bien y habrá un fluir de liderazgo.

4. Se sugiere que preparen un cuaderno de copias maestras de los ejercicios en fundas (folios, acetatos). No es necesario sacarlos de las fundas para fotocopiarlos. Así permanecerán limpios.

5. Cuidado de intentar contextualizar la enseñanza o agregar comentarios antes de comprender bien el proceso.

6. Los minutos puestos en el Bosquejo global para cada actividad son solamente minutos aproximados, pero son un guía muy importante para la pareja facilitadora.

Durante las sesiones:

1. Asegurar que habrá un **ambiente** de respeto y hermandad cristiana.

2. Durante las sesiones a las personas se les llamará por su **nombre**, no por un título.

3. Recordar al grupo que ustedes vienen como una **pareja facilitadora participante** y no como expertos. Decirles que ustedes participan como cualquier otra pareja y que a la vez que facilitan las actividades, así estarán enriqueciendo su propia relación matrimonial.

4. Promover el uso de las **tarjetitas de identificación** (distintivos, gafetes). Nos ayudan a recordar los nombres de los demás. Sugerimos que éstas se preparen en cartulina blanca, usando marcadores (plumones, fibras) de punta ancha y de color oscuro para que se pueda leerlas fácilmente desde lejos. También sugerimos que, utilizando los colores rojo y azul, dibujen el logo de APEMAL en un rincón del mismo distintivo.

5. Al enseñar los principios preventivos siempre hacer énfasis en los puntos clave de cada enseñanza para ayudar a los participantes a captar e interiorizarlos con mayor facilidad. Por ejemplo, los puntos clave del Ciclo de la Comunicación o qué hacer en el momento de conflicto para procesar el enojo. Así se puede adiestrar a las parejas para su desarrollo personal y a la vez prepararlas para enseñar a otros.

6. También para facilitar el aprendizaje de los principios preventivos, se puede invitar al grupo a repetir las palabras en negrilla.

7. Cuando se introduzca un ejercicio, primero digan el nombre del ejercicio y su propósito. Luego léanlo en voz alta en su totalidad e inviten "¿Hay preguntas?" Así todos lo entenderán desde el comienzo. Seguir cuidadosamente las indicaciones presentadas en "**Pautas para evaluar a todo practicante**" que se encuentran en el TBE, Sesión II páginas 46-49, Tomo II.

8. **Música grabada** apropiada les da una alegre bienvenida a los participantes. También, se sugiere el uso de música ambiental grabada y suave, cuidadosamente escogida mientras los participantes cumplen los ejercicios individualmente y en parejas, y en otros momentos apropiados durante las sesiones.

9. Si surge **conflicto** entre dos cónyuges, pídales que, en vez de hablar al grupo de su dolor, se den vuelta y frente a frente, hablen directamente el uno con el otro. Pueden usar oraciones que comienzan con "yo". Por ejemplo, "yo siento... cuando tú haces..." Empleen "Desafíos en el grupo", Taller Básico de Entrenamiento, Sesión VI, páginas 67-69, Tomo II.

10. Tener listo un pliego de papel mantequilla (sábana, manteca, molde, afiche, tirro, cebolla, croquis) para anotar las **preguntas** ajenas al tema en cuestión que surgen en el grupo para tratarlas en el momento propicio.

11. Según las facilidades disponibles y la composición del grupo (la mayoría alfabetizados o no) la pareja facilitadora puede adaptar los **ejercicios**, utilizando la forma escrita o la oral, o una combinación de ambas.

12. También se sugiere que ustedes, la pareja facilitadora participante, sustituyan **sus propias historias**, cuando sea apropiado, por las presentadas en el manual.

Descanso con refrigerio:

El refrigerio debe estar listo para el momento del descanso aproximadamente a la mitad de cada sesión. El facilitador determinará el tiempo de descanso entre 10 y 30 minutos, ajustándolo según el tiempo disponible para terminar la sesión.

También, durante estos momentos, además de los masajes en la espalda, la pareja facilitadora puede planear breves dinámicas de grupo para ayudar a los participantes a hacer ejercicio y así relajarse.

Opciones:

1. **Devocionales, escrituras, y enseñanzas bíblicas son optativos**.
   (a) Pueden usar estos materiales tal como están, abreviarlos, o adaptarlos según la situación y el horario programado.
   (b) Frecuentemente se pregunta si se puede usar este material con personas o grupos fuera de la iglesia. La respuesta es: "¡Ojalá que sí! Porque queremos servir a todo el mundo en forma desinteresada." Y por supuesto, no pretendemos que quienes toman el taller se desvinculen de sus congregaciones. Más bien, queremos ofrecernos para entrenar el liderazgo de otras iglesias a fin de que ellas mismas puedan multiplicar los talleres entre sus congregantes. (Mateo 9:12,13; Lucas 19:10; Juan 3:16; Romanos 5:8.)
   (c) Por otro lado, hemos visto que el Señor obra maravillosamente en las vidas de las parejas cuando ellas están abiertas a su presencia. Si el taller se ofrece a un grupo de la comunidad (profesionales, empleados de una empresa o un negocio, vecinos, un sindicato, etc.) sugerimos:
      (1) que la pareja organizadora local informe al grupo o a la persona interesada que en los talleres se incluyen estudios bíblicos, oración y generalmente alabanza; y
      (2) que la pareja facilitadora sea sensible a estas parejas, busque la dirección divina y modifique los devocionales en forma apropiada, según el caso.
   (d) En vista de la enorme necesidad de fortalecer matrimonios, es urgente usar los talleres para alcanzar al mayor número de parejas posible, así como el Señor mismo servía a todos por igual. A la vez, según la sensibilidad de la pareja facilitadora, los talleres se pueden usar para ayudar a personas a conocer o a conocer mejor a su Señor. Es siempre bueno tener como su lema: "Conocer a Cristo y darlo a conocer." (1 Corintios 9:19-22)
   (e) Si ha de haber personas presentes que posiblemente no conozcan los coros que han de cantar, por favor, preparen carteles (afiches) con la letra o cancioneros para usar en el taller para que todos se sientan seguros e incluidos. El amor de Cristo se expresa a través de la sensibilidad que demostramos el uno para con el otro.

2. En cuanto a la celebración de la **Santa Cena** (la clausura del TEM), si algunos de los participantes no son creyentes, o si son creyentes que no conmemoran la Santa Cena, la pareja facilitadora puede buscar la dirección de Dios, y ser sensible y creativa. Sobre todo se sugiere que consulten con las parejas para escuchar lo que ellas desean. Unas posibilidades son:
   (a) Ofrecerles orar por ellas sin que se acerquen a o reciban de la mesa de comunión.
   (b) Extender la invitación a todos por igual. Se reconoce que diferentes iglesias tienen distintas posturas/prácticas en cuanto a la Santa Cena. Algunos requieren que la persona sea miembro. Otras, como las de la tradición wesleyana, invitan a cualquier persona que "se arrepienta de lo pasado y quiere vivir en novedad de vida, siguiendo los pasos del Señor" a participar de la mesa.
   (c) Se puede usar jugo de uva (preferible) o vino, según la costumbre de la congregación.
   (d) O si no hay Santa Cena, todos pueden participar en una renovación de votos matrimoniales. (Vea Apéndice D, página 173.)
   (e) Jamás se debe presionar a las parejas no creyentes, sino confiar en que Dios esté obrando en sus vidas y que en su tiempo llegarán a entregarse a Él.
   (f) Si la pareja facilitadora no ha sido autorizada para celebrar la Santa Cena, puede invitar a un pastor que consagre los elementos de antemano o invitar a un pastor participante del taller que lo haga. Lo más importante es que todos se sientan incluidos en el amor de Cristo.
3. Frecuentemente algunas personas nos preguntan: "¿Podemos usar estos materiales con estudiantes o con diferentes grupos que necesitan aprender estos principios?" Nuestra respuesta es la siguiente:
   (a) El TEM (Taller de Enriquecimiento Matrimonial) se ha diseñado con el própósito y el enfoque descritos anteriormente. El proceso de grupo, el desarrollo de las etapas y las enseñanzas (cada experiencia se edifica sobre lo anterior), las reglas básicas, la metodología y las técnicas empleadas fueron cuidadosamente escogidas para crear una experiencia integral y transformadora para

matrimonios. Por eso se ruega que este material no sea empleado para suplir las necesidades de otros programas, porque es la totalidad de la experiencia que impacta a las parejas. Así, la experiencia del TEM será siempre nueva, fresca, y especial para los participantes.

(b) A la vez reconocemos que todo el mundo necesita aprender y practicar estos principios de buena comunicación y el uso creativo del conflicto. Por lo tanto, no sólo les damos el permiso, sino les animamos a enseñarlos a sus hijos, la iglesia, y a toda persona, siguiendo las instrucciones que para su aplicación hemos recomendado. Al hacerlo, tengan la bondad de hacer referencia a APEMAL como la fuente de las enseñanzas e invitar a los casados a participar en un TEM. Una adaptación del TEM para solteros ya está en preparación y pronto estará disponible. Recuerden que una parte de la eficacia del TEM se debe a su caracter de taller, y no de seminario. (Vea "Una carta al lector", páginas 9-12.)

Cómo invitar a otras parejas a un taller futuro:

Frecuentemente al experimentar un Taller de Enriquecimiento Matrimonial, parejas preguntan "Tenemos amigos y parientes que pueden sacar provecho de esta experiencia. ¿Se les puede invitar a un taller futuro?" La respuesta es: "¡Ojalá que sí!"

Queremos que lo que se aprende y se vive en este taller sea accesible a todos. Con este fin, a partir de la segunda sesión, se sugiere a las parejas integrantes que vayan pensando en nuevas parejas para:

1. **reclutarlas (inscribirlas)** e integrarlas a un taller futuro, indicándoles la fecha, hora, y lugar a través de una invitación escrita u oral, según corresponda;
2. **apadrinar** a esas parejas, lo que implica:
   (a) entregar sus nombres a la pareja coordinadora en la primera reunión del Grupo de Crecimiento,
   (b) ver que la nuevas parejas inscritas asistan al taller,
   (c) orar por ellas desde el momento de reclutarlas (inscribirlas) y en forma especial durante el taller, para que Dios obre en sus vidas. Esto no las limita a invitar o a apadrinar a más de una pareja.

La pareja facilitadora entregará las invitaciones para reclutar (inscribir) y confirmar a nuevas parejas en la quinta sesión.

La experiencia nos enseña que frecuentemente los planes de parejas inscritas cambian al último momento y ellas cancelan. Para que otras parejas puedan participar en su lugar, sugerimos que siempre tengan a mano **una lista de 2 ó 3 parejas inscritas provisionalmente que pueden completar el cupo**.

Proyecciones:

Se ha descubierto que los mismos participantes frecuentemente piden la colaboración de la pareja facilitadora en la continuación de su crecimiento matrimonial. Por eso, se les anima a las parejas facilitadoras a que busquen alguna manera de mandarles algunas veces al año **una carta y materiales** idóneos a los coordinadores de los Grupos de Crecimiento para sus reuniones de grupo, según sus posibilidades. (Vea Tomo II, Apéndice B, página 93.)

David y Vera Mace comparten: "Como pareja, antes de iniciar cada Taller de Enriquecimiento Matrimonial, ha sido nuestra costumbre dedicar un tiempo para revisar nuestra propia relación para que no haya nada que estorbe la plena eficacia de nuestro trabajo en equipo." Recuerden que **su propia relación matrimonial** es el recurso primordial que traen al taller. Jamás se presenten como expertos. Sin embargo, es sumamente importante que los participantes perciban que la pareja facilitadora tiene una relación amorosa y auténtica en cuanto a su compromiso a la práctica de los principios preventivos. Observar una relación matrimonial creciente da confianza a las demás parejas de que ellas también pueden seguir creciendo.

Finalmente, los talleres pueden ser muy poderosos:

» si los principios bíblicos y preventivos de enriquecimiento matrimonial son fielmente compartidos y practicados con los participantes;
» si la pareja facilitadora se ofrece como encauzadora del amor divino;
» si se invita a nuestro Padre celestial que esté presente con su poder transformador.

Estos tres elementos son indispensables.

Amadas parejas, ¿se acuerdan de la experiencia de Moisés y los israelitas en el desierto, como la gloria del Señor los acompañaba día y noche y jamás se apartaba de ellos? De igual manera la gloria del Señor los guiará e irá delante de ustedes cuando presentan los talleres. ¡Esperen en Dios!

HOJA INFORMATIVA

EL TALLER DE ENRIQUECIMIENTO MATRIMONIAL (TEM)

♥♪♥

I. ¿Qué son?

El **Taller de Enriquecimiento Matrimonial (TEM)** abarca veinte horas completas de experiencia para parejas comprometidas a crecer en su relación matrimonial (cinco sesiones de cuatro horas cada una). La relación matrimonial es el enfoque de todo y el trabajo principal se hace entre los cónyuges.

1. La experiencia se desarrolla a través de un proceso regido por reglas básicas que fomentan un sentido de seguridad y confidencialidad, y crean una atmósfera de comunidad.
2. Siguiente, a las parejas se les ofrece una oportunidad para iniciar una autoevaluación de su relación actual.
3. La parte principal del TEM se compone de enseñanzas breves de principios bíblicos y preventivos sobre la comunicación conyugal, el uso creativo del conflicto y la sexualidad.
4. Seguidamente, estas herramientas se ponen en práctica a través de unos veinte ejercicios que (a) se preparan individualmente, (b) se dialogan entre cónyuges y (c) voluntariamente se comparten con el grupo entero, así creando una hermosa dinámica de grupo que edifica a los participantes. Estos ejercicios pueden ser fotocopiados de este manual y entregados a los participantes, o se puede emplear la forma oral de los ejercicios.
5. El TEM se finaliza con la preparación de un plan de crecimiento y una celebración.

El propósito del taller es aumentar el amor conyugal que ya existe entre la pareja. Matrimonios sanos y en crecimiento contribuyen a familias e iglesias fuertes y unidas (Filipenses 3:12-14).

El **Taller Básico de Entrenamiento (TBE)** siempre será precedido inmediatamente por el TEM. El TBE es el segundo paso del proceso en la capacitación y certificación de nuevas **parejas facilitadoras**, quienes luego pueden compartir el TEM con otras parejas. Abarca veinticuatro horas de entrenamiento intensivo (seis sesiones de cuatro horas cada una). Cada pareja que esté participando en este proceso de capacitación debería tener por lo menos un ejemplar de los dos libros, **Creciendo en el amor conyugal, Tomos I y II**.

El **Taller de Entrenamiento Avanzado (TEA)** es el tercer nivel en el proceso de capacitación. Abarca dieciséis horas (cuatro sesiones de cuatro horas cada una más las 44 horas del TEM y TBE, 60 horas en total). Prepara a **parejas instructoras** que pueden enseñar el Taller de Enriquecimiento Matrimonial (Nivel I) y entrenar a otras parejas facilitadoras (Nivel II, el Taller Básico de Entrenamiento).

Parejas instructoras avanzadas (Nivel IV) para su certificación no requieren otro taller sino más experiencia en el entrenamiento de otras parejas en Niveles I, II y III.

El **Taller Pre-Matrimonial (TPM)** es una adaptación del TEM para preparar a novios para el matrimonio.

II. ¿Quiénes los guían?

El Taller de Enriquecimiento Matrimonial (Nivel I) y el Taller Básico de Entrenamiento (Nivel II) son dirigidos por una pareja facilitadora certificada como instructores (Nivel III) por la Asociación de Parejas en Enriquecimiento Matrimonial de América Latina (APEMAL).

III. ¿Quiénes pueden participar?

Cada TEM o TBE es diseñado para servir de cinco a ocho matrimonios en los cuales **ambas personas están comprometidas al crecimiento conyugal**. Pueden ser parejas recién casadas o casadas por muchos años, jóvenes o personas de edad, parejas con un buen matrimonio o parejas con desafíos serios. Si los dos quieren crecer en la relación matrimonial, ¡que vengan con esperanza! Bendiciones les esperan.

Para que todos aprovechen al máximo las experiencias del taller, no se permite la presencia de **niños**, salvo a bebés de pecho, o sea, antes de que caminen. Si una pareja no puede asistir a tiempo completo, se recomienda que participe en un taller posterior. **No es posible la participación de medio tiempo**, porque cada sesión se edifica sobre las sesiones anteriores. Se sugiere que vengan con ropa cómoda.

IV. ¿Dónde se llevarán a cabo?

(1) Lo ideal es que los talleres se lleven a cabo en un lugar de retiro escogido por la pareja coordinadora local en consulta con la pareja facilitadora. Cada taller se realizará en un período de dos o tres días. (2) Cuando un lugar de retiro no sea posible y las parejas necesiten regresar a sus casas de noche, se recomienda que los talleres se lleven a cabo en una iglesia o en un lugar en donde no haya interrupciones; puedan comer juntos durante el día y el grupo pueda estar tranquilo en "retiro". (3) Otras opciones serían emplear cinco noches seguidas, cinco semanas consecutivas, o crear cualquier horario que esté al alcance de todos. (Se le ajustará de acuerdo a la necesidad, siempre y cuando tenga continuidad.)

V. ¿Cuándo?

Las fechas exactas serán fijadas a través de la consulta mutua.

VI. ¿Cuánto cuestan?

La **pareja facilitadora** en consulta con la **pareja coordinadora local** del evento definirá el **costo total** por pareja. Estas dos parejas fijarán la cuota de participación, o puede ser una ofrenda de amor, según el ámbito donde se realizará el taller, ya sea comunal, profesional, o congregacional. El costo incluirá materiales, alimentación y refrigerios, estadía cuando corresponda, pasajes de la pareja facilitadora, y un apoyo económico para la pareja facilitadora. Estos gastos se dividirán entre las parejas participantes. Se espera que esta cuota se pague a la pareja coordinadora local del evento con anticipación con el fin de comprar los materiales y provisiones, asegurar la reservación del lugar del evento, y hacer otros preparativos necesarios. El costo promedio de los **materiales** varía mucho, según el país. Así que, se sugiere que la pareja organizadora local haga los cálculos para su región y cobre a los participantes de acuerdo a la lista de materiales requeridos para cada taller y el número de participantes. Debido a que se convoca a parejas de muchas iglesias, recomendamos un trabajo previo en conjunto con las congregaciones que envíen a los participantes a fin de cubrir convenientemente los gastos, de manera que la congregación comparta en el proceso de entrenamiento de sus líderes.

VII. La responsabilidad de la pareja facilitadora será:

1. Traer su parte de los materiales, pagada por las cuotas del grupo (vea la hoja adjunta); y
2. Dirigir el taller en todos sus aspectos.

VIII. La responsabilidad de la pareja coordinadora local será:

1. Hacer todos los arreglos locales para el taller: presupuesto, lugar, comidas, invitaciones, etc., y
2. Proveer los materiales indicados en la hoja adjunta.

IX. Un buen horario para el TEM y el TBE en combinación es:

	TEM			TBE	
	Viernes	Sábado	**Domingo**	**Lunes**	**Martes**
08:00 a 09:00		Desayuno	Desayuno	Desayuno	Desayuno
09:00 a 13:00		Sesión 2	Sesión 5	Sesión 2	Sesión 5
13:00 a 14:00		Almuerzo	Almuerzo	Almuerzo	Almuerzo
			TBE		
14:00 a 18:00	Llegada	Sesión 3	Sesión 1	Sesión 3	Sesión 6
18:00 a 19:00	Cena	Cena	Cena	Cena	Despedida
19:00 a 23:00	Sesión 1	Sesión 4	Culto	Sesión 4	

Cuando el TEM se ofrece sólo a una iglesia o agrupación, el horario puede ser más flexible, según las necesidades del grupo.

UN TESTIMONIO

Se cuenta que cuando Tomás de Aquino fue invitado al Vaticano a conocer su poderío, el papa le dijo: "Como puedes ver, la iglesia no puede quejarse por falta de dinero. Económicamente todo lo posee." A lo cual Tomás de Aquino respondió: "Lo único que la iglesia no puede decir es como los apóstoles: "¡Levántate y anda!"

Esto es aplicable a los talleres. Durante todo el tiempo en la iglesia del Señor hemos tenido las herramientas, pero no sabíamos usarlas. Con el TEM, ahora sí podemos decir como los apóstoles: "¡Levántate y anda!"

Roberto y Gloria Hernández
Colombia

EL TALLER DE ENRIQUECIMIENTO MATRIMONIAL (TEM)

♥♪♥

BOSQUEJO GLOBAL

SESIÓN I (cuatro horas)

ETAPA I: **ESTABLECER UN SENTIDO DE SEGURIDAD Y COMUNIDAD**

ETAPA II: **EVALUAR NUESTRA RELACIÓN ACTUAL**

Se sugiere que se preparen de antemano y se tengan ya colgados en la sala de reunión los siguientes afiches (carteles, pósters, carteleras, láminas) de papel mantequilla (sábana, manteca, molde, afiche, tirro) con los puntos clave de:

1. Bosquejo para la Sesión I
2* Regla de Oro,[1]
3. Enriquecimiento Matrimonial: su origen y objetivos
4. Ingredientes esenciales del proceso de Enriquecimiento Matrimonial
5. Cinco etapas del proceso
6* Reglas básicas del taller
7. Historia matrimonial
8. Resumen de "Cinco características del matrimonio cristiano"
9* El Gran Mandamiento

Se sugiere también que se cuelguen en el salón de reunión:

1. Un pliego de papel para anotar las ansiedades y expectativas del grupo
2. Un pliego de papel para anotar preguntas no relacionadas con el asunto en cuestión que surjan durante las sesiones para contestarlas en un momento propicio

---

1. Los afiches (carteles, pósters) con estrellitas (*) permanecerán colgados en la sala de reunión mientras dure el taller.

SESIÓN I

♥♪♥

ETAPA I: ESTABLECER UN SENTIDO DE SEGURIDAD Y COMUNIDAD

1. **CANTOS DE ALABANZA Y ORACIÓN** (optativo)

   "Pongámonos de pie para cantar ______________________." Una breve oración de enfoque.

2. **CADA PAREJA SE PRESENTA AL GRUPO**
   (Comenzando con uno de la pareja facilitadora)

   "¡Quiero darles una calurosa bienvenida! Nuestra primera actividad será presentarnos unos a otros. Me llamo _____________. Seré uno de sus guías de grupo durante esta experiencia de enriquecimiento matrimonial. Ahora les invito a presentarse por nombre. Al escuchar el nombre de cada uno, los demás responderemos: '¡Hola, _____________!' ¿Listos? (Un facilitador hace una demostración.) ¿Quién quiere continuar?"

3. **COMPARTIR ANSIEDADES Y EXPECTATIVAS**

   "Participar en un Taller de Enriquecimiento Matrimonial es, para muchos, una experiencia totalmente nueva. Al menos, así fue para nosotros. Asistimos a nuestro primer taller con una mezcla de entusiasmo y recelo. Quizás algunos de ustedes hayan venido con alguna ansiedad o algún temor en cuanto a su participación en el taller. O quizás hayan venido con mucha expectativa, buscando alguna luz o ayuda específica para su relación matrimonial. Por eso, en este momento queremos ofrecerles la oportunidad de compartir sus ansiedades y expectativas. Mientras ustedes comparten con el grupo, mi cónyuge las anotará en el pliego de papel (pizarrón). ¿Quién quiere comenzar?"

4. **FELICITAR A LAS PAREJAS POR SU PARTICIPACIÓN**

   "Ahora que nos conocemos un poco mejor, quiero felicitarles por su participación en este taller porque es señal de que a ustedes les importa su matrimonio y que quieren hacer su relación aun más dichosa. Creemos que el matrimonio bien logrado es la base de la buena vida familiar y de una sociedad saludable y justa. Al venir, cada uno de ustedes está dando a su cónyuge un regalo precioso, veinte horas de enfoque en su relación. Y por si acaso uno de ustedes haya venido con menos entusiasmo que el otro, es un regalo aun más precioso que tú das ahora a tu cónyuge. Es nuestra oración que todos ustedes sean muy bendecidos por las experiencias que hemos de compartir. Nosotros como pareja facilitadora apreciamos mucho esta oportunidad también, porque no venimos como expertos. Más bien, cada taller es una oportunidad nueva para que nosotros sigamos mejorando nuestra relación matrimonial."

   Bosquejo para la sesión
   Tenerlo preparado en un pliego de papel mantequilla (molde, sábana, manteca, afiche, tirro) y colgado a la vista de todos.

   "El bosquejo para esta sesión es . . ."

"Sugerimos que anoten los puntos sobresalientes que ven en los afiches (carteles, pósters) de enseñanza. Si llegan un poco temprano a cada sesión, pueden aprovechar el tiempo, comenzando a copiar las enseñanzas mientras los demás vayan llegando."

5. COMPARTIR PREOCUPACIONES Y MOTIVOS DE ALEGRÍA

"Comenzaremos cada sesión con una oportunidad para expresar nuestras preocupaciones y los motivos de alegría. Una preocupación puede ser tan importante como la salud de un ser querido o tan sencilla y esencial como la incomodidad física. Un motivo de alegría puede ser una buena noticia que quieren compartir. Les invitamos a compartir estas preocupaciones y/o los motivos de alegría antes de comenzar nuestros estudios y ejercicios. Queremos estar atentos los unos de los otros. Además, queremos que se sientan cómodos. Si necesitan pararse, moverse, etc., háganlo con toda confianza.

"¿Alguien ha venido con una preocupación o un motivo de alegría a esta sesión?

"¿Hay un voluntario dispuesto a anotarlos y luego presentarlos ante Dios de parte de todos? Puede ser hombre o mujer... ¡Gracias! Estamos listos para escucharles." (Optativo.)

Escuchar a todos y responder apropiadamente.

6. PRESENTAR ENRIQUECIMIENTO MATRIMONIAL: SU ORIGEN Y OBJETIVOS

"A continuación quiero compartir con ustedes algo del origen y los objetivos de Enriquecimiento Matrimonial. Creemos que es el plan y el deseo de Dios que haya matrimonios felices. Por eso, el Espíritu de Dios obra sin cesar en este mundo para realizar su santa voluntad. Una pareja levantada por Dios hacia ese fin fue la de los esposos David y Vera Mace, (él, un pastor escocés; ella, una diaconisa inglesa). A fines de los años 1950, ellos, con otros psicólogos y terapeutas preocupados por la familia, comenzaron a reflexionar sobre su trabajo. Se preguntaron: '¿Cómo es que las parejas casi siempre nos visitan cuando están a punto de separarse? ¿No hay «principios preventivos» que podamos enseñarles para que no lleguen a una crisis matrimonial?' Pero ¿por qué?, ¿cómo?, porque tales principios no se conocían. No existían. Así que David y Vera, pioneros, se dedicaron a descubrir esas pautas a través de su propia relación matrimonial.

"En el año 1962 organizaron su primer taller de enriquecimiento matrimonial en los Estados Unidos de América. En 1973 fundaron A.C.M.E. (Association for Couples in Marriage Enrichment), organización internacional integrada por parejas interesadas en buscar crecimiento y enriquecimiento en sus propios matrimonios. Su lema es **'Trabajar para alcanzar mejores matrimonios, comenzando con el nuestro.'** Durante los años siguientes, escribieron muchos libros y trabajaron alrededor del mundo, ayudando a cónyuges a adquirir la habilidad de vivir en armonía, enseñándoles estos principios preventivos, principios que son totalmente transculturales.

"*A*sociación de *P*arejas en *E*nriquecimiento *M*atrimonial de *A*mérica *L*atina (APEMAL) tiene sus raíces en A.C.M.E. y emplea su proceso, sus métodos y técnicas y algunos de sus materiales.

"Para que el enriquecimiento matrimonial sea eficaz, es necesario que ambos cónyuges estén comprometidos a crecer en su relación matrimonial. Si la infidelidad, el abuso físico o emocional, la adicción o cualquier problema serio que hayan existido en el pasado, se debe renunciar a ellos definitivamente para que el amor conyugal crezca. Gracias a Dios, hay perdón.

"Un hermano nos ha contado cómo él vio a su padre maltratar a su madre. La pegaba, la pateaba, la rompió un brazo y una pierna. La golpeó en la cabeza. Fue tan feo para el niño que observaba y escuchaba los gritos de su madre, que el niño resolvió ser cristiano, porque se decía que ellos enseñaban y practicaban el amor."

"Los instructores de ACME y APEMAL sugieren que hay **cuatro ingredientes esenciales**[1] para alcanzar un matrimonio sano y feliz." Señalar el afiche (cartel, póster), 'Cuatro ingredientes esenciales para un matrimonio saludable':

1. "Un compromiso al crecimiento (el crecimiento personal, el crecimiento de mi pareja, y el crecimiento relacional);

2. "Un sistema eficaz de comunicación que nos conduzca a una mayor comprensión mutua;

3. "El uso creativo del conflicto de tal manera que ambos sean edificados; y

4. "La creación y sostenimiento de una mayor intimidad entre esposos.

"Solamente con un compromiso al crecimiento y a la transformación interior de nuestras vidas, es posible aprovechar estas enseñanzas. Por otra parte, no importa donde se encuentren en su relación hoy día, no importa cuán conflictiva sea, **si los dos están comprometidos al crecimiento matrimonial**, tenemos **buenas nuevas** para ustedes. **Van a terminar el taller con una nueva esperanza y con herramientas nuevas para que puedan seguir creciendo en el futuro**. Así que, si tuvieron roces al prepararse para venir al taller, no se preocupen. ¡Eso también es normal!

"Había una vez un muchacho que quería molestar a una anciana. Atrapó un pajarito. Con el pajarito oculto detrás en la espalda, se acercó a la anciana. Dijo: 'Usted es muy sabia. ¿Puede decirme si el pajarito que tengo en mi mano está muerto o vivo?' El muchacho pensaba para sí: 'Si me dice muerto, lo dejaré volar. Si me dice vivo, lo sofocaré. Cualquier respuesta que la anciana me dé, puedo demostrar que está equivocada.' Pero, la anciana dándose cuenta de la mala intención del muchacho, le contestó, 'La respuesta está en tus manos.'

"Así es. No hay nadie que pueda destrozar nuestro matrimonio ni nadie que pueda embellecerlo. Sólo depende de nosotros. La solución de nuestros matrimonios tiene su sede dentro de cada uno de nosotros. La respuesta está en nuestras manos. Es decir: Amarnos como Cristo nos ama y aprender a comunicarnos

---

1. Adaptado de Basis Training Workshop, Participants Guide and Resource Manual, segunda impresión, Dic. 1992, página 5, editado por los esposos Phyllis and Randy Michael. La Asociación para Parejas en Enriquecimiento Matrimonial (A.C.M.E.), P.O. Box 10596, Winston-Salem, NC 27108. 919-724-1526. Usado con permiso

mejor. Aprender a usar el conflicto en tal forma que contribuya a la creación y sostenimiento de una mayor intimidad entre esposos.

"La sanidad interior es muy importante porque necesitamos ser sanados de heridas pasadas. No obstante, si aprendemos a usar estos principios preventivos, no habrá tanto que arreglar. Esta fue la visión del Señor Jesús. Los principios que Él enseñaba son principios preventivos si los practicamos con fidelidad. También ésta fue la visión que Dios dio a los esposos Mace.

"Finalmente en las sesiones no hay que compararse como matrimonio con otro matrimonio, sino buscar desarrollar el potencial en su relación matrimonial. Pues, cada relación es muy distinta. ¿Está bien?

(Optativo: se usa solamente cuando el TEM se combine con el TBE)
"Los talleres fomentarán el aprendizaje por medio de tres tipos de experiencia:

1. intelectual;
2. sentimental o emocional;
3. vivencias o 'aprender por lo que hacemos.'"

7. **LAS CINCO ETAPAS DEL PROCESO.**[1]
Señalar el afiche (cartel, póster)

"Hay cinco etapas del proceso de Enriquecimiento Matrimonial:

I. Establecer un sentido de seguridad y comunidad. (**Seguridad**)

II. Evaluar nuestra relación matrimonial actual. (**Autoevaluación**)

III. Aprender y usar nuevos conocimientos y habilidades que nos lleven al crecimiento conyugal positivo: (**Enseñanzas**)
   (a) la buena comunicación;
   (b) el uso creativo del conflicto; y
   (c) un nuevo modelo para comprender la sexualidad.

IV. Preparar un plan de crecimiento con metas y acciones claras y hacer un compromiso mutuo para cumplirlas. (**Plan de crecimiento**)

V. Clausurar con evaluación, afirmación, y celebración. (**Clausura**)

"La primera sesión se dedica a las Etapas I y II. La segunda, tercera, y cuarta sesiones se dedican a la Etapa III, y la última sesión abarca Etapas IV y V."

---

1. Preston y Genie Dyer, *Marriage Enrichment Process, Methods and Techniques* (Marriage and Family Consultants, 219 Guittard, Waco, Tx 76706). Winston-Salem, NC: A.C.M.E., 1989, página 7. Derechos reservados. Adaptado y usado con permiso.

8. **LAS REGLAS BÁSICAS DEL TALLER**[1]
Señalar el afiche (cartel, póster)

Después de leer cada regla, la pareja facilitadora esperará el apoyo del grupo antes de seguir adelante. Se puede preguntar al grupo: "¿Están de acuerdo?"

"Para crear un mayor sentido de seguridad y comunidad entre nosotros, sugerimos que las Reglas Básicas del taller sean éstas:

1. Compartiremos nuestras propias experiencias, no opiniones o teorías. Por eso cada uno hablará de sí mismo, usando oraciones que comiencen con '**yo**'.

2. No vamos a enfrentarnos. Se trata de apoyarnos y afirmarnos mutuamente. Pondremos el énfasis en las **experiencias positivas** en cuanto a nosotros mismos, nuestro cónyuge y el grupo entero.

3. Los talleres **no** son terapia. Por eso, no estamos aquí para establecer diagnósticos, hacer análisis o dar consejos. Como pareja facilitadora no damos consejos a nadie y les rogamos que ustedes tampoco: ni a su pareja, ni a ningún otro participante. Seremos autorresponsables.

4. Todo lo que las personas comparten en el grupo es **confidencial**. Las cosas que escriben y conversan como pareja quedarán íntimas y privadas y si ustedes quieren compartirlas serán reveladas al grupo solamente. Así que al preparar sus ejercicios pueden ser sinceros y honestos con toda confianza. Por supuesto, nadie debe hacer fuera del grupo ningún comentario de lo que otro haya dicho.

5. La **puntualidad** es necesaria. Cada momento es precioso. Procuraremos comenzar cada sesión a la hora acordada.

6. Toda participación en las sesiones es **voluntaria**. Por eso, no designamos a ninguna persona por nombre. A la vez, mientras más se entrega cada uno al proceso, más riqueza ha de recibir del taller. Es nuestro propio matrimonio el enfoque central en todo lo que hacemos.

7. Según vayan aprendiéndolos, **practicar** los principios preventivos de la buena comunicación y el uso creativo del conflicto durante el taller."

"Frecuentemente existe la tentación de entrar en discusiones intelectuales muy interesantes. Les rogamos a todos que recordemos que éstas pueden desviarnos del propósito principal del taller, el cual consiste en enfocar en nuestras respectivas relaciones matrimoniales para hacerlas crecer. Así que, les rogamos que pospongan tales discusiones hasta los períodos de descanso. Todos se beneficiarán."

---

1. Adaptado de *Basic Training Workshop*, Participants Guide and Resource Manual, segunda impresión, diciembre de 1992, página 15, editado por los esposos Randy and Phyllis Michael. La Asociación para Parejas en Enriquecimiento Matrimonial (A.C.M.E.), P.O. Box 10596, Winston-Salem, NC 27108. 919-724-1526. Usado con permiso.

9. **EJERCICIO: "HISTORIA MATRIMONIAL"**
"Propósito: Reconocer su propia historia y presentarse como pareja al grupo.

"Se invita a cada pareja a dibujar juntos y presentar su relación matrimonial a los demás por medio de un cuadro de sus familias de origen y sus años como matrimonio. Se sugiere que dividan el pliego de papel en tres partes. Al lado izquierdo, el esposo anotará su nombre y fecha de nacimiento y dibujará los datos de su familia de origen. Al lado derecho, la esposa anotará su nombre y fecha de nacimiento y dibujará los datos de su familia de origen.

"Cada uno debe anotar o dibujar:

» tu nombre y fecha de nacimiento
» los nombres de tus padres y sus oficios
» algo importante que aprendiste de ellos
» el lugar de tu nacimiento
» los nombres de tus hermanos y hermanas (incluir el tuyo) en orden de nacimiento
» una experiencia triste de tu niñez
» una experiencia alegre de tu niñez

"Luego en la sección central, juntos dibujen su historia matrimonial:

» cuándo y cómo se conocieron y se casaron
» nombres y edades de sus hijos e hijas
» oficios y profesiones de ustedes
» una experiencia alegre
» una experiencia triste
» la experiencia cumbre de su vida como pareja

"Hay pliegos de papel mantequilla (sábana, manteca, molde, afiche, tirro), marcadores (plumones, fibrones) de color a su disposición y bolsas de nylon (plástico) para poner debajo de sus pliegos para proteger las mesas. Por favor, cuando no estén en uso, mantengan los marcadores bien tapados para que no se sequen.

(A) "Tendrán unos veinte minutos para preparar su cuadro juntos. Usen su creatividad. Sugerimos que procuren contar su historia mayormente a través de dibujos en vez de palabras. Decidan entre ustedes quién presentará cada parte de la historia."

(B) "Ahora, vamos a reunirnos y compartir los cuadros con los demás. Cada pareja tendrá unos cinco minutos para presentar su historia."

Ejercicios alternativos:

1. Cuando no hay mesas o superficies lisas para dibujar, se puede invitar a las parejas a que narren su historia (cada uno):

   » qué características de mi cónyuge me hizo enamorme de él/ella.
   » una experiencia feliz de nuestro matrimonio.

2. Compartir dos o tres cosas importantes que simbolicen su matrimonio.

3. Sacar de su bosillo o cartera un objeto que simbolice su matrimonio. Frente a frente compartir en forma de diálogo conyugal por qué escogió ese elemento.

4. Cada uno piense en una canción que representa su relación matrimonial y la canta o la cuenta a su cónyuge en forma de diálogo conyugal.

DESCANSO

(darse masajes en la espalda)

(C) Reunirse y seguir compartiendo con los demás hasta que todos hayan tenido su turno. Al terminar su presentación, la pareja facilitadora puede ayudar a cada pareja a colgar su historia matrimonial en la pared a la vista de todos. Allí quedará hasta el fin del taller.

Optativo:

"Amados, ya han comenzado a darse cuenta de que hay un límite de tiempo para que cada uno hable. En verdad, no hay tiempo suficiente para que digamos todo lo que queremos decir. Rogamos a cada uno que sea consciente de este hecho, y si tenemos que limitar a cualquiera de ustedes, es solamente para que todos tengan oportunidad para hablar. Si hay cosas que quieren dialogar más, y no hay tiempo en las sesiones, les invitamos a continuar la conversación durante el descanso. Queremos escucharnos de todo corazón."

ETAPA II: EVALUAR NUESTRA RELACIÓN ACTUAL

"Ya que nos conocemos mejor, vamos a dedicar lo demás de esta primera sesión a una autoevaluación de nuestra relación matrimonial actual. Comenzaremos con un estudio bíblico."

1. **ESCRITURA Y ENSEÑANZA: "Cinco características del matrimonio cristiano".**
Leer Mateo 19:4-6 (Valera, 1960)

"Los Talleres de Enriquecimiento Matrimonial tienen un solo propósito: Engrandecer el amor conyugal que ya existe entre ustedes como pareja. Así que, dondequiera que se encuentren en su relación matrimonial hoy día, ustedes dos pueden decidir lo que quieren realizar y juntos moverse en esa dirección durante estas sesiones. ¡Ustedes lo dirán!

"En el pasaje de Mateo que acabamos de leer, Jesús nos indica **cinco características del matrimonio cristiano.**

"**Primeramente, la separación espiritual**. En Mateo 19:5 (Versión Popular) Jesús dijo: 'El hombre dejará a su padre y a su madre' cuando se case. La mujer hará lo mismo. Cuando ustedes se casaron y se comprometieron como esposos, decidieron crear una familia nueva y distinta a la de sus padres. A la vez, algunos de ustedes viven o han vivido en la casa de sus padres. Creemos que la escritura está hablando aquí particularmente de una separación espiritual y no necesariamente física. Recuerden que Jesús también tuvo que separarse de su familia de origen para alcanzar su propia identidad: (1) en el viaje a Jerusalén a los doce años de edad; (2) en su bautismo cuando inició su ministerio público; (3) cuando su familia le buscaba y Jesús dijo a la multitud: 'todo aquel que hace la voluntad de mi Padre que está en los cielos, ése es mi hermano, y hermana, y madre' (Mateo 12:50).

"En su libro *When the Honeymoon's Over* (*Cuando se termine la luna de miel*), los esposos David y Vera Mace escriben: 'Hay **una regla de oro** para todas las parejas casadas acerca de cómo relacionarse con sus familias de origen. Es ésta: **Procura nunca permitir a un familiar criticar tu matrimonio o a tu cónyuge cuando el cónyuge no está presente para escuchar lo que se diga**. Por otro lado, pueden dejar bien claro que siempre están abiertos a recibir sugerencias positivas que les puedan ayudar a mejorar su matrimonio, y que quieren escuchar esas sugerencias juntos para poder hacer algo al respecto juntos. Cuando las sugerencias vengan de cualquiera de las dos familias de origen, siempre trátenlas con seriedad. Si no les parecen aplicables, tomen tiempo para explicarles en forma positiva por qué no son aceptables. Vale la pena que los dos se dediquen a desarrollar buenas relaciones con ambas familias de origen. Sin embargo, es importante que ellos no controlen su relación matrimonial y que lo entiendan.'[1] Lo importante según Jesús es la identidad propia, que ustedes se distingan como pareja matrimonial, que formen una familia propia muy diferente a la de sus padres a la vez que mantienen una relación saludable con sus familias de origen.

"**La segunda característica del matrimonio cristiano es la permanencia**. 'Por tanto,' dijo Jesús, 'lo que Dios ha unido, no lo separe el hombre' (Mateo 19:6). Para que el matrimonio sea permanente y feliz, se requiere que ambas personas se esfuercen en crecer: crecer como individuos y crecer en su relación matrimonial. La vida hermosa que juntos pueden crear y compartir vale la pena.

"El doctor David Mace y su señora (doctora Vera) escriben: 'El amor romántico nos atrae el uno al otro, pero no es toda la base de una relación perdurable. El amor romántico no nos mantiene unidos, porque en sí no nos provee el propósito de la unidad permanente. Pero hay un amor que nos lleva a la unidad. Ese es, el amor de compañeros conyugales íntimos.

"'El amor de compañeros conyugales íntimos se desarrolla a través de invertir tiempo en el crecimiento de la relación y gozosamente compartir intereses comunes. Si este amor de compañerismo no se cultiva durante los primeros años de matrimonio, el amor romántico se desvanece. Una pareja que vive mayormente para la relación sexual y las fantasías románticas sin aprender a comunicarse profundamente, a enfrentar los desafíos diarios en unidad, y a disfrutar de la vida matrimonial, ha de fracasar.

"'Es indispensable que las dos personas hagan un compromiso mutuo para edificar una relación duradera. Es cierto que este compromiso se hace en el día de su boda, pero llega a ser realidad solamente por la renovación diaria de sus votos.'[2]

---

1 Mace, David and Vera. *When the Honeymoon's Over* Nashville, Tn: Abingdon Press, 1988, páginas 87-88. derechos reservados. Usado con permiso de la autora, Vera Mace y A.C.M.E., P.O. Box 10596, Winston-Salem, NC 27108.

2 Larry Roth, editor, Marriage Enrichment, the Life Work of Drs. David & Vera Mace. A.C.M.E.: P.O. Box 10596, Winston-Salem, NC 27108, 1991, páginas 4-5. Derechos reservados. Usado con permiso.

"Es preciso que cuando se presenten conflictos y problemas, la comunidad cristiana permanezca en solidaridad con la pareja mientras ellos crecen y se profundizan en su relación matrimonial. Por eso, el papel de la iglesia, de los suegros y padres siempre debe ser de apoyo, amor, y oración por la pareja. En general, los suegros y padres no deberían intervenir en los asuntos internos del matrimonio de sus hijos, sin que los hijos mismos busquen sus consejos. Este respeto a los hijos adultos de parte de los padres no disminuye en ningún sentido el afecto y cariño que los hijos y padres tienen los unos para con los otros. Y en caso de que la pareja se divorcie, las dos personas siguen precisando el amor y el apoyo de todos. Pues, el mandato de Jesús siempre es amarnos.

"**Tercero, el matrimonio cristiano es unido por Dios y mantenido en unidad por Dios**. Cuando Jesús dijo: 'Lo que Dios ha unido' (Mateo 19:6, Versión Popular), él quería decir que cuando nos casamos en la presencia de Dios, el Creador mismo comienza a hacer una obra única y espiritual dentro de nosotros. Por eso, Dios es el puente espiritual de nuestro matrimoniol. Así que, si queremos mejorar nuestra relación matrimonial y aumentar el amor conyugal entre nosotros, tenemos que apelar a la fuente del amor, a Dios mismo. Por eso, es preciso fundar nuestras vidas como individuos en su palabra y en una relación íntima con Dios. Además, es urgente adorar a Dios diariamente, leer la Biblia, y orar juntos. Es indispensable practicar el mandato del amor todos lo días. Si lo hacemos, estamos edificando nuestro matrimonio sobre la Roca que es Jesucristo y Él nos unirá más y más. Mientras más se acerquen los dos a Dios, más se acercarán el uno al otro.

"**La cuarta característica es una relación íntima entre dos personas distintas**. Jesús dijo: 'Los dos serán una sola carne' (Mateo 19:5). Como cónyuges, a pesar de que Dios nos hace una sola carne (a través del acto sexual), siempre somos dos personas distintas, dos individuos, cada uno precioso y sagrado ante Dios, cada uno creado para sus propósitos, cada uno digno de todo respeto, cada uno desarrollándose, creciendo como hijo o hija de Dios, cada uno responsable delante de Dios. Por eso, queremos aprender a tratarnos como si el otro fuera Cristo mismo. Recordemos que Jesús dijo: 'En cuanto lo hicisteis a uno de estos mis hermanos más pequeños, a mí lo hicisteis' (Mateo 25:40). Nuestro desafío mayor como pareja es explorar con todo nuestro ser lo que significa 'Que os améis unos a otros, como yo os he amado' (Juan 15:12). Jesús nos manda a poner la regla de oro como meta de la familia (versión APEMAL): 'Así que, todas las cosas que quieras que tu cónyuge haga contigo, así también haz tú con tu cónyuge' (Mateo 7:12).

"**Quinto, todo lo de arriba indica que la pareja vivirá para la gloria de Dios**. La Escritura dice, que en el principio 'hombre y mujer los creó' (Mateo 19:4, Versión Popular). Cuando una pareja vive solamente para sus propios fines egoístas, tarde o temprano llega a vivir sin sentido, se conduce a la desilusión y al fracaso matrimonial. El propósito de Dios para el matrimonio **no** es que la pareja viva solamente para servirse a sí mismos. Más bien, Dios comparte con nosotros su propósito amplio, eterno y gozoso, el cual da el máximo sentido a la vida. Es decir, nos invita a tomar como el propósito de nuestro matrimonio **la meta de vivir para servir a Dios y al prójimo**. San Pablo escribió a los Colosenses: 'Y sobre todas estas cosas vestíos de amor,... Y todo lo que hacéis, sea de palabra o de hecho, hacedlo en el nombre del Señor Jesús, dando gracias a Dios Padre por medio de él' (Colosenses 3:14,17)".

Resumen:

"Al compartir juntos en estos días, tengamos en mente estas cinco características del matrimonio cristiano:

1. 'El hombre dejará a su padre y a su madre' significa la necesidad de la identidad propia, **la separación de las familias de origen.**

2. 'No lo separe el hombre' significa que la intención de Dios para nosotros siempre ha sido **una relación matrimonial permanente**.

3. 'Lo que Dios ha unido' significa que el Dios de amor es el autor y la fuente de la unidad matrimonial, y nosotros podemos amarnos solamente al grado **en que estemos fundados y arraigados en su amor.**

4. 'Los dos serán una sola carne' significa que el desafío mayor de la pareja es que mientras busquen **un equilibrio entre la individualidad y la unidad,** aprendan a vivir la regla de oro.

5. 'Hombre y mujer los creó' significa que la meta del matrimonio cristiano es vivir juntos para la gloria de Dios su Creador, **vivir juntos para amar y servir a Dios y al prójimo."**

2. **EJERCICIO: "CINCO CARACTERÍSTICAS DEL MATRIMONIO CRISTIANO"**
(Ejercicio Nº 1, Etapa II)
"Propósito: Evaluar su participación en su matrimonio."

Forma escrita:
El líder repartirá a todos el Ejercicio Nº 1, Etapa II, "Cinco Características del Matrimonio Cristiano" y lo leerá en voz alta, aclarando lo necesario. Luego les dará las siguientes instrucciones:

(A) Preparar individualmente. "Ahora invitamos a cada persona a iniciar una autoevaluación de su matrimonio según estas cinco características. Al reflexionar en **su parte en la relación matrimonial**, ponga un círculo alrededor del número que mejor describe su situación frente a las cinco características, usando la siguiente escala de evaluación:

Nº 1 significa **necesito comenzar a crecer** (recién me doy cuenta)
Nº 2 significa **deseo crecer** (intención sin acción)
Nº 3 significa **me comprometo a crecer** (intención con plan de acción)
Nº 4 significa **estoy enfocado** y **creciendo ya** (acción reciente)
Nº 5 significa **me siento muy fuerte** y **seguiré creciendo** (acción prolongada)

(B) Compartir entre cónyuges. "Cuando los dos estén listos pueden compartir entre cónyuges. Con su pareja, frente a frente, compartan los resultados de sus autoevaluaciones. Conversen sobre lo que sus calificaciones significan en cuanto a su potencial matrimonial, lo que Dios los llama a ser. Luego, **cada uno de ustedes escoja un área donde quiere crecer más."** En este momento la pareja facilitadora levanta sus sillas y se pone frente a frente, para demostrar cómo se hace. Al completar el tiempo disponible, la pareja facilitadora dirá: "Cuando estén listos, les invito a regresar al círculo." La pareja facilitadora vuelve a poner sus sillas en el círculo.

(C) Compartir con el grupo entero. "Voluntariamente, compartan con los demás lo que han descubierto de sí mismos, comenzando con la frase 'Yo quiero crecer en el área de...' Pero antes, consulten con su cónyuge para ver si él/ella está dispuesto a participar. Seremos los primeros en compartir." Se sugiere que primero **la pareja facilitadora se ponga frente a frente y** hable **en forma de diálogo conyugal** de su matrimonio. Luego, ellos invitarán a otras parejas a que sigan su ejemplo. **Diálogo conyugal** quiere decir que frente a frente una pareja conversa delante del grupo en voz alta, usando "yo" y "tú" mientras las demás parejas les escuchan.

Forma oral:
Cuando hay un buen número de personas presentes de la tradición oral, el líder leerá la lista dos veces lentamente, aclarando lo necesario, pidiendo a cada persona que piense en cuál de los puntos quiere trabajar para mejorar su matrimonio.

Cuando el líder esté seguro de que cada participante ha tenido oportunidad de seleccionar en su mente una o dos áreas en las cuales quiere crecer, los esposos pueden compartir sus ideas entre ellos, comenzando por la mujer:

(A) Pensar individualmente.

(B) Compartir entre cónyuges.

(C) Compartir con el grupo entero en forma de diálogo conyugal, cada persona usa oraciones que comienzan con "yo"; la pareja facilitadora habla primero de su matrimonio: "Yo quiero crecer en el área de..."

3. **EJERCICIO: "INVENTARIO DEL POTENCIAL MATRIMONIAL"** (alternativo)
(Ejercicio Nº 2, Etapa II)
"Propósito: Evaluar nuestro matrimonio.

"Los doctores David y Vera Mace escriben: 'Los cónyuges edifican su relación por hacer decisiones en unidad de espíritu. Por lo tanto, a la larga la manera en que nos relacionamos al procesar un desafío y la satisfacción que cada cónyuge experimenta a través del proceso son más importantes que la solución inmediata.

"'Ayuda, también, poner estas metas y decisiones mutuas por escrito. Luego, cuando haya desacuerdos, pueden recurrir a ellas. Pueden aprender a planear y proyectar juntos, a compartir sus ideas y aceptar las ideas del otro, y así llegar a un acuerdo satisfactorio para ambos. Un compromiso renovado diariamente significa que cada uno sacrifica algo de su interés personal para llegar a un punto intermedio que trae el máximo beneficio a ambas personas.'"[1] (Repartir ejercicio Nº 2, Etapa II.)

Forma escrita:
"Para comenzar a comprender lo que significa este tipo de compromiso, cada cónyuge, trabajando individualmente, califica en una escala de 1 (poco satisfactorio) a 10 (muy satisfactorio) su evaluación

1 Ibid.

de su relación matrimonial actual (no de sí mismo ni de su cónyuge, sino de su relación matrimonial) con respecto a los factores aquí nombrados. El propósito es promover el diálogo conyugal y la planificación conjunta a través de un análisis honesto. Calificaciones muy diferentes pueden indicar percepciones o expectativas diversas. Leamos la lista juntos... ¿Hay preguntas?"

(A) Preparar individualmente.

(B) Compartir entre cónyuges, cara a cara. Al completar el tiempo disponible, decir: "Cuando estén listos, les invito a regresar al círculo."

(C) Compartir con el grupo entero. En este momento no emplearán el diálogo conyugal, sino cada individuo voluntariamente hablará de sí mismo: "Lo que descubrí..." o "Un área en el cual yo quiero crecer es..."

Forma oral:
Uno de la pareja facilitadora lee la lista lentamente varias veces mientras que los participantes escuchan con cuidado. Cada uno individualmente elige un área en la cual quiere trabajar durante el taller. Luego cada cónyuge comparte con su pareja el área que será el enfoque de su esfuerzo: "Un área en la cual yo quiero crecer es..."

4. **EJERCICIO: "ASPECTOS POSITIVOS DE NUESTRA RELACIÓN MATRIMONIAL"**
(Ejercicio Nº 3, Etapa II)
"Propósito: Conocerse a sí mismo, **la comunicación de esto,** y su compromiso con la relación matrimonial."

"El último ejercicio para esta sesión se llama 'Aspectos positivos de nuestra relación matrimonial':

(A) "Les invitamos a anotar individualmente:

» tres cosas que les gustan de su matrimonio;
» tres cosas que son buenas en su relación, pero que podrían mejorarse;
» tres cosas que se comprometen a hacer para mejorar su relación y que creen les agradaría a su cónyuge.

(B) "Luego entre cónyuges, frente a frente, compartirán sus pensamientos. El énfasis está en aspectos positivos de su relación matrimonial, y lo que se comprometen a hacer para mejorarla." Al completar el tiempo disponible, decir: "Cuando estén listos, les invito a regresar al círculo."

(C) Compartir con el grupo entero. "Voluntariamente, compartan con los demás lo que han descubierto de sí mismos." Se sugiere que la pareja facilitadora hable primero de su matrimonio en forma de diálogo conyugal: "Una cosa que me comprometo a hacer para mejorar nuestra relación matrimonial es..." Subrayar que (1) compartirán una sola cosa para dejar tiempo para que todos compartan, y (2) primero deben consultar con su pareja para estar seguro de que él/ella esté dispuesto a hacer el diálogo conyugal. (3) Sólo la pareja que hace el diálogo conyugal se sienta cara a cara. Las demás se quedan en círculo escuchando y observando.

Forma oral:
"El último ejercicio para esta sesión se llama 'Aspectos positivos de nuestra relación matrimonial'.

(A) "Les invitamos a cerrar los ojos por un momento y pensar en:
» tres cosas que me gustan de nuestro matrimonio. Háganlo ahora, por favor."
(Dar tiempo para pensar.)
» "Ahora, abran los ojos y compartan entre cónyuges, comenzando por el hombre. Cada cónyuge comenzará diciendo: 'Tres cosas que me gustan de nuestro matrimonio son...'"
(Dar tiempo para compartir.)

(B) "Ahora les invitamos a cerrar los ojos una vez más e individualmente pensar en:

» tres cosas que son buenas en su relación, pero que podrían ser mejoradas. Háganlo ahora, por favor..." (Dar tiempo.)
» "¿Listos? Abran los ojos y compartan entre ustedes como cónyuges, pero esta vez la esposa comenzará diciendo: 'Tres cosas que son buenas en nuestra relación, pero podrían ser mejoradas son...' Sean siempre positivos el uno con el otro." (Dar tiempo para compartir.)

(C) "Finalmente, les invitamos a cerrar los ojos una vez más e individualmente pensar en:

» "Tres cosas que me comprometo a hacer para mejorar nuestra relación porque quiero agradarte. Piensen en esas tres cosas ahora, por favor..." (Dar tiempo para pensar.)
» "¿Listos? Abran los ojos y compartan entre ustedes como cónyuges. Esta vez el esposo comenzará, diciendo: 'Tres cosas que me comprometo a hacer para mejorar nuestra relación matrimonial son...'" (Dar tiempo para compartir.)

Terminar invitando a otra persona para que comparta: "Una cosa que me comprometo a hacer..."

5. **MOMENTOS FINALES Y ORACIÓN,** con música ambiental suave (optativo)

Dejar un tiempo de silencio en cada punto suspensivo para la oración personal.

"Es nuestro deseo que ustedes como parejas puedan deleitarse en su relación matrimonial, que puedan gozar el uno con el otro, que puedan disfrutar de su vida juntos. Al concluir esta primera sesión, les invitamos a tomarse las manos y pensar en lo que han hecho en esta sesión... ¿Como se sienten?... Ahora, con los ojos cerrados, en sus corazones, les invitamos a dar gracias a Dios por su presencia... dar gracias a Dios el uno por el otro... dar gracias a Dios por las buenas cosas que ya se han logrado en su matrimonio... dar gracias a Dios por la oportunidad de crecer más cerca el uno del otro como esposo y esposa... Finalmente, pide a Dios que Él bendiga abundantemente a tu pareja... En el nombre del Señor que nos ama. Amén."

EL TALLER DE ENRIQUECIMIENTO MATRIMONIAL (TEM)

BOSQUEJO GLOBAL

SESIÓN II (cuatro horas)

ETAPA III **APRENDER Y USAR NUEVOS CONOCIMIENTOS Y HABILIDADES QUE NOS LLEVEN AL CRECIMIENTO CONYUGAL POSITIVO:** ***LA BUENA COMUNICACIÓN***

Min.			Página
7	1.	Cantos de alabanza y oración	47
		Compartir preocupaciones y motivos de alegría	
		Bosquejo para la sesión	
10	2.	Escritura y *Enseñanza*: "Dios y el valor del cónyuge"	47
2	3.	Ejercicio: "Nuestros dones"	49
2		(A) preparar individualmente	
10		(B) compartir entre cónyuges	
3		(C) compartir con el grupo entero	
8	4.	*Enseñanza*: "La comunicación y principios bíblicos"	49
2	5.	Ejercicio: "El uso de principios bíblicos: La comunicación"	50
2		(A) preparar individualmente	
6		(B) compartir entre cónyuges	
5	6.	*Enseñanza*: "La importancia de la comunicación"	50
2	7.	Ejercicio: "Compartir nuestros sentimientos"	51
		(Ejercicio Nº 1, Etapa III)	
5		(A) preparar individualmente	
8		(B) compartir entre cónyuges	
10		(C) compartir con el grupo entero	
2	8.	*Enseñanza*: "El Ciclo de la Comunicación"	53
13	9.	*Enseñanza*: "I. Cómo darse a conocer"	53
2	10.	Ejercicio: "Se desarrolla la capacidad de darse a conocer"	55
		(Ejercicio Nº 2, Etapa III)	
7		(A) preparar individualmente	
8		(B) compartir entre cónyuges	
10		(C) compartir con el grupo entero	
15		**Descanso** (darse masajes en la espalda)	56
10	11.	*Enseñanza*: "II. Cómo escuchar al otro"	56

Se sugiere que se preparen de antemano y se tengan ya colgados en la sala de reunión los siguientes afiches (carteles, pósters, carteleras, láminas) de papel mantequilla (sábana, manteca, molde, afiche, tirro) con los puntos clave de:

1. Bosquejo para Sesión II
2. La comunicación y principios bíblicos
3. La importancia de la comunicación
4. El Ciclo de la Comunicación
5. I: El cónyuge emisor manda un mensaje dándose a conocer
6. II: El cónyuge receptor escucha y resume
7. III: El cónyuge emisor responde

   IV: El cónyuge receptor invita al emisor a que diga más
8. Pautas para el diálogo conyugal

SESIÓN II

♥♪♥

ETAPA III: APRENDER Y USAR NUEVOS CONOCIMIENTOS Y HABILIDADES QUE NOS LLEVEN AL CRECIMIENTO CONYUGAL POSITIVO: *LA BUENA COMUNICACIÓN*

1. **CANTOS DE ALABANZA Y ORACIÓN (optativo)**

"Pongámonos de pie para cantar________________________." Una breve oración de enfoque.

Compartir preocupaciones y motivos de alegría

"¿Hay preocupaciones o motivos de alegría que quieren compartir?"

Bosquejo para la sesión

"El bosquejo para esta sesión es..."

2. **ESCRITURA Y *ENSEÑANZA:* "DIOS Y EL VALOR DEL CÓNYUGE"**
Leer Salmos 139:1,13-14; Isaías 43:1; Efesios 1:3-5.

"Dios nos creó con infinito amor y siempre nos ha amado totalmente. También nos creó con la necesidad de ser amados. Pero, desgraciadamente, debido a nuestro egocentrismo e influencias negativas en nuestras vidas, fallamos en la realización y encarnación de este amor. Nuestros padres no nos amaron perfectamente y todos nosotros amamos imperfectamente. Sin embargo, queda dentro de cada ser humano esta necesidad, la mayor necesidad de la vida, la de ser amados totalmente, aceptados completamente, tal como somos, aun cuando no podemos aceptarnos a nosotros mismos.

"Así que, nos casamos buscando a la persona que nos amara y nos aceptara con todos nuestros defectos y debilidades, **a pesar de que nosotros mismos no podemos dar el amor** que no tenemos. ¿Qué hacemos? ¿Cuál es la solución? Sugerimos tres cosas:

1. **Reconozcamos que nuestra pareja no es Dios** y jamás podrá amarnos como sólo Él sabe amarnos. Reconozcamos que nuestra pareja es frágil como nosotros, un peregrino en esta vida como nosotros, con las mismas necesidades y flaquezas, con la misma necesidad de crecer, aprender a amar y recibir amor.

2. Por eso, **hagamos de nuestra relación con Dios la relación principal** de la vida, porque Dios nos hizo para sí mismo. Así que, encontramos nuestra realización como personas en Dios y no en nuestro cónyuge. No hay nada que podamos hacer para que Dios nos ame más. Solamente tenemos que aceptar su amor para nosotros y alegrarnos en ello como niñitos delante de nuestro Padre celestial.

A veces cuando uno anhela crecer y actuar mejor como persona se encuentra luchando con su pasado, con hábitos arraigados y patrones erróneos aprendidos en la familia de origen. En tal caso es fácil desesperarse y preguntar: '¿Jamás podré cambiar?' Pero, amados, no se desanimen. Nuestra experiencia es que nuestro Padre celestial, nuestro Abba, conoce nuestros corazones. Con gran compasión y ternura nos lleva a donde Él quiere que estemos. También, tenemos la garantía de la palabra de Dios: 'Si Dios es por nosotros, ¿quién contra nosotros?'(Romanos 8:31), y 'El que comenzó en vosotros la buena obra, la perfeccionará hasta el día de Jesucristo' (Filipenses 1:6).

3. **Podemos recibir al cónyuge tal como es:** nuestro compañero más íntimo, el regalo más precioso de Dios. Podemos extender las manos, sin buscar en el otro la solución a nuestras necesidades, sino encontrando en él o ella nuestro compañero predilecto en la búsqueda. Podemos mirar al cónyuge con ojos de compasión ya que todos nosotros precisamos ser recipientes de compasión... Creemos que éste es el llamado de Cristo: **ser compañeros conyugales íntimos hasta que la muerte nos separe.**

San Pablo dice en su carta a los Romanos: Tenemos 'diferentes dones, según la gracia que nos es dada...' (Romanos 12:6). Por eso, comenzamos por conocernos a nosotros mismos, la persona que Dios creó. Cada uno nace con inclinaciones y talentos definidos, individuales, distintos, únicos. Hay un solo 'yo'. Hay un solo 'tú'. En toda la historia, en toda la creación, jamás habrá otro como tú. Dios nos creó tal como somos, con gusto. Así que podemos decir: 'Gracias, Dios, que tú me formaste así y estás contento con la obra de tus manos.'

"**Por eso nosotros también podemos estar contentos** con nosotros mismos, la persona que Dios creó, sin desear ya ser como el otro, con los dones del otro, sino agradeciendo a Dios por la persona que somos, afirmándonos tal como somos y esforzándonos por llegar a ser el mejor 'yo' posible.

"Pero ninguno de nosotros tiene todos los talentos del mundo. Necesitamos los unos de los otros. Cuando primeramente nos enamoramos el uno del otro, generalmente somos atraídos por dos cosas: lo que tenemos en común y nuestras diferencias. Por eso, tendemos a casarnos con la persona que nos hace sentirnos más completos. Por ejemplo, había una mujer que le gustaba pensar cuidadosamente antes de contestarle a otra persona y tendía a ser tímida y más callada en grupos sociales. Un día, unos compañeros del seminario de teología le preguntaron: '¿Con qué tipo de hombre quieres casarte?', sin pensar, le brotó de su interior una respuesta sencilla: 'Quiero casarme con alguien que me haga reír antes del desayuno.' Un joven con dones de risa y de palabras la escuchó. Le encantó la profunda mirada de esa señorita bonita y tranquila y el joven pensó: 'Yo seré esa persona.' Con el tiempo se casaron. En muchas maneras fueron opuestos. Se complementaron. Cada uno se sentía más completo en la presencia del otro. Pero pasaron los años, y ocurrió lo que típicamente sucede en el matrimonio. Sus diferencias llegaron a ser desafíos. Algunas de las características de la señorita que al principio encantaron al joven, comenzaron a molestarlo. Y algunas de las características del joven que al principio encantaron a la señorita comenzaron a molestarla. Por ejemplo: el esposo quería que su señora compartiera más con él, y la esposa quería que él hablara menos y la escuchara a ella también. Cada uno comenzaba a preguntarse: '**¿Por qué no puede ser él o ella más como yo?**' Pablo Tournier dice que esto es normal y que cuando ocurre la pareja está lista para comenzar a conocerse más a fondo y hacer crecer su relación matrimonial.

"**He aquí el significado de Romanos 12:6**. La misma escritura que afirma que soy una persona de mérito que Dios creó, con inclinaciones y dones específicos, me revela que mi cónyuge, a pesar de nuestras diferencias, también es una persona preciosa, única y distinta, con inclinaciones y dones dados por Dios y que Él se goza en él o ella. Así que, me puedo valorar por la persona que soy. También puedo valorar y apreciar a mi cónyuge por la persona que él o ella es; dos personas en quienes Dios se deleita. ¡Dios nos ha creado deliciosamente diferentes! Cada uno es una hechura exclusiva, única de Dios.

"**Dos pensamientos siguen**:

1. Como cada persona es tan preciosa y diferente, tenemos que trabajar para comprendernos y comunicarnos. El espíritu de crítica tiene como raíz la pregunta: '¿Por qué no puede ser él o ella más como yo?' No voy a tratar de cambiar a mi cónyuge, sino estimarlo, amarlo, gozarme en esa persona con quien me he comprometido a vivir hasta que la muerte nos separe. **No procuraré cambiar a mi cónyuge, sino a mí mismo delante de Dios.**

2. Esto nos lleva a otro punto importante. Cada uno nace con inclinaciones y dones sobresalientes. Pero también dentro de cada uno de nosotros hay otro lado que debe ser desarrollado. Por ejemplo, la señorita del relato necesitaba desarrollar aquel lado oculto y más sociable para ser la persona completa que Dios ideó. A la vez, el joven necesitaba desarrollar más su vida interior para ser la persona más completa que Dios ideó. Confrontados con estas comprensiones, cada uno se preguntaba: '¿Quién soy yo? ¿Qué puedo llegar a ser? ¿Quién es mi cónyuge? ¿Qué puede llegar a ser?' Cada uno buscaba la ayuda de Dios en ese peregrinaje. Cada uno se daba la mano en amor para apoyarse, ayudarse mutuamente en esa búsqueda. Juntos contestaron el llamado de Cristo de ser compañeros conyugales íntimos para la gloria de Dios."

3. **EJERCICIO: "NUESTROS DONES", con música ambiental suave**
"Propósito: Pensar positivamente en lo que cada cónyuge trae al matrimonio.

"Ahora vamos a darles una oportunidad para pensar en el valor de su cónyuge. **Primero**, les invitamos a que piensen un momento en tres dones que su cónyuge trae a su matrimonio. Aunque a veces causan frustración, pueden ser dones verdaderos, necesarios e importantes para su relación." (Espera que lo hagan)..."**Segundo**, una pareja a la vez, sentarse cara a cara y compartir con su cónyuge en voz alta delante del grupo, uno de estos tres dones. Siempre comiencen sus oraciones con 'yo'. Antes, consulten con su cónyuge para ver si él/ella está dispuesto a participar. Tendrán un minuto por pareja. Para esta parte, les demostraremos cómo se hace."

(A) Pensar individualmente.

(B) Turnándose voluntariamente, las parejas comparten en voz alta, delante del grupo, en forma de diálogo conyugal. Usar la frase: "Un don que traes a nuestro matrimonio es..."

(C) Si todas las parejas no comparten en voz alta delante del grupo, la pareja facilitadora puede invitarlas ahora a sentarse cara a cara y compartir estos tres dones a solas.

4. ***ENSEÑANZA:* "LA COMUNICACIÓN Y PRINCIPIOS BÍBLICOS"**

"**Dios es el Gran Comunicador**. Desde el principio Dios está revelándose a nosotros, revelando su 'Yo soy' sin cesar. Es nuestro mayor privilegio escuchar, captar quién es Dios, que desea comunicarse con nosotros y responder desde nuestro 'yo'. La oración es un diálogo con Dios, la vía de comunicación entre Dios nuestro Creador y nosotros, por la cual Dios y nosotros podemos decir plenamente lo que cada uno tiene en el corazón. Mucho más que cualquier otra criatura, fuimos creados para comunicarnos y así **participar en el mismo compañerismo divino que existe entre el Padre, el Hijo y el Espíritu Santo**. Este es nuestro llamamiento, un llamamiento de gran privilegio y responsabilidad.

"Aquí hay unos principios bíblicos sobre la comunicación que nos pueden guiar. ¿Hay voluntarios que quieren leer los diferentes pasajes? Vamos a repartirlos y luego empezar la lectura." (Repartir los pasajes e invitar a voluntarios del grupo a que participen. Luego continuar...) "Después de la lectura de cada pasaje preguntaremos: '¿Qué dice?'" (La pareja facilitadora debe reiterar con la lectura de cada pasaje, '¿Qué dice?' y después de escuchar cada aporte, leer las palabras del resumen en el texto.)

1.	Mateo 5:37	'sí, sí; no, no.' Sin vacilar, sin exagerar.
2.	Mateo 12:34-37	'por tus palabras serás justificado...o condenado.' De la abundancia del corazón habla la boca.
3.	Santiago 1:19	'pronto para oír.' Con propósito Dios nos dio dos orejas para oír y una lengua para hablar.
4.	Santiago 1:26	'refrenar la lengua.' Sólo yo puedo; la autorresponsabilidad.
5.	Efesios 4:15	'hablar la verdad con amor... crecer en Cristo.' Seguir el ejemplo de Jesucristo.
6.	Efesios 5:19-20	'hablen con alabanza en sus corazones.' En momentos de adoración y en toda conversación."

5. EJERCICIO: "EL USO DE PRINCIPIOS BÍBLICOS: LA COMUNICACIÓN"

"Propósito: Aplicación de la enseñanza.

"Ahora, pongamos las citas bíblicas en la práctica. Te invitamos a pensar en una de estas enseñanzas bíblicas que quieres emplear más en tu relación matrimonial; luego, poniéndose cara a cara y usando oraciones que comienzan con 'yo', conversen entre cónyuges."

(A) Preparar individualmente. Cada persona reflexiona sobre los pasajes bíblicos en el afiche, y escoge uno que quiere emplear más en su relación conyugal.

(B) Compartir entre cónyuges. Al completar el tiempo disponible, la pareja dice: "Cuando estén listos, les invito a regresar al círculo."

Terminar diciendo: "Aprecio mucho los pensamientos y sentimientos que han compartido."

6. *ENSEÑANZA:* "LA IMPORTANCIA DE LA COMUNICACIÓN"

"Después de la comunicación con Dios, la comunicación conyugal es la de mayor importancia, porque Dios nos llama como esposos a un compromiso que es superior a cualquier otra relación humana."

Simbiosis y comunicación. "¿Alguna vez han escuchado a un hombre quejarse: '¡Pero tenemos tantos años de casados que no debería tener que decirle a mi esposa lo que quiero. Ella debe saberlo!' ¿O han escuchado a una mujer lamentarse: 'Él sabe lo que me gusta. No debería tener que decírselo.' Los dos están equivocados. Lo que los esposos del ejemplo desean es una relación simbiótica. Simbiosis quiere decir que una persona intuye el deseo o la necesidad de otra persona. Una relación simbiótica es una relación apropiada entre los padres y el infante que no sabe hablar. La simbiosis no es una relación apropiada entre dos adultos. Cuando yo espero que mi compañero lea mi mente, o cuando yo creo poder leer la mente de mi cónyuge, estamos en peligro. Hay una sola persona que sabe lo que yo pienso. Yo. Hay una sola persona responsable de comunicar mis pensamientos al otro. Yo. Así que, la simbiosis es lo opuesto de la comunicación madura que debe existir entre cónyuges. Dios nos ha dotado con mentes, bocas, lenguas, cuerdas vocales, oídos, con todo lo necesario para hablarnos y escucharnos. Y todos, sin excepción, con la práctica de unos buenos principios, podemos llegar a ser comunicadores excelentes. Aprender a comunicarnos más eficazmente entre cónyuges nos da una alegría muy especial.

"Además, lo que aprendemos acerca de la comunicación conyugal sirve también para mejorar toda la comunicación familiar, con nuestros hijos y con la iglesia, la familia de Dios.

"**¿Están listos** para comenzar? Vamos... (Invitar al grupo a leer en voz alta las palabras del afiche 'La importancia de la comunicación' al iniciar la lectura de cada punto e inmediatamente después la pareja facilitadora completará la lectura de ese punto. Así, alternando se lee todo el afiche.)

a. **La comunicación es compleja**. El matrimonio requiere particularmente de un sistema de comunicación mucho más sensible de lo que comúnmente aprendemos y empleamos.

b. **Toda comunicación se aprende**. Por lo tanto, nuevos patrones de comunicación pueden ser aprendidos y sustituidos por los que son menos positivos.

c. **Es imposible no comunicarnos**. Aun el silencio, el tono de voz, los gestos, la expresión de la cara, son formas de comunicación tanto como son las palabras. Pues, no es **si** nos comunicamos, sino **cómo** lo hacemos.

d. **La comunicación requiere práctica constante**. Nuestra manera actual de comunicarnos se ha practicado desde la cuna. Por eso, ha de llevar tiempo y mucha práctica adoptar nuevos patrones, pero se puede. Este taller será un nuevo principio, pero el secreto de aquí en adelante es practicar, practicar, practicar, con mucha dedicación, porque mi compañero conyugal íntimo lo merece.

e. **La infelicidad o el fracaso matrimonial resulta de la inhabilidad de la pareja de comunicarse** a niveles profundos en cuanto a sentimientos, expectativas y necesidades personales.

f. El desarrollo de la comunicación a este nivel más profundo **es un proceso gradual y de participación mutua**. Hay un dicho muy conocido: 'Para bailar el tango, tiene que ser de a dos.'"

7. **EJERCICIO: "COMPARTIR NUESTROS SENTIMIENTOS"**
(Ejercicio Nº 1, Etapa III. Repartir después de leer los párrafos introductorios.)
"Propósito: nombrar y compartir sentimientos."

Pedir al grupo que repita las primeras tres oraciones a continuación.

"Toda emoción es un don de Dios. No hay emociones malas ni buenas. Lo que es malo o bueno es la manera en que usamos las emociones. Por eso, no hay que preguntar al cónyuge '**¿Por qué** te sientes así?', sino aprender a aceptar el hecho de que tu cónyuge experimenta tal emoción o sentimiento.

Nuestra habilidad de expresar nuestros sentimientos depende mayormente de nuestra formación familiar y cultural, y no de nuestro sexo.

"Uno de los desafíos más importantes y a la vez más difíciles es reconocer y nombrar los sentimientos propios y los del cónyuge. Al ser consciente de los sentimientos del cónyuge uno puede prevenir toda clase de incomprensiones y errores. Por ejemplo, aceptar los temores de tu cónyuge, sin razonar, descartar o tomarlos a la ligera. Aun antes de intentar consolarle, aceptar el sentimiento como real y válido y preguntar: (1) '¿Qué es la raíz del temor?; y (2) '¿Qué se puede hacer para disminuir o resolver el temor? ¿Qué necesitas?'

"Por eso, es importante reservar un tiempo cada día para darnos a conocer y escucharnos mutuamente. Si lo hacemos, lo demás de la vida marcha mejor, y encontramos que en verdad estamos ahorrando tiempo.

"Ahora vamos a hacer un ejercicio cuyo propósito es ayudarnos a nombrar nuestros sentimientos y a comunicar a nuestro cónyuge lo que sentimos. El cónyuge tendrá oportunidad de escuchar atentamente para entender lo que el compañero o la compañera experimenta."

Forma escrita:
Repartir a cada persona una hoja de papel en blanco y el Ejercicio Nº 1, Etapa III. Este es el único ejercicio que no hay que leer en voz alta en su totalidad. El ejercicio es un recurso para ayudar a los participantes a identificar sus emociones. Indicar que:

1. "Se invita a que cada uno escriba 5 a 8 sentimientos que experimenten ahora mismo.
2. "La emoción nombrada puede ser positiva, negativa, fuerte, débil, etc.
3. "Intenten asociar cada sentimiento con su respectiva fuente, por ejemplo: 'Me siento cansado porque no dormí bien anoche.'
4. "Noten que 'siento que' no introduce una emoción, sino un pensamiento. Para expresar una emoción, hay que sacar el 'que' y usar el adjetivo (la emoción) directamente después de 'siento'."

(A) Prepararse individualmente, comenzando cada oración con 'yo'.

(B) Compartir entre cónyuges, cara a cara, alternando oraciones, con el propósito de comunicar al otro lo que cada uno siente y escucharse atentamente para entender lo que el cónyuge experimenta. Al completar el tiempo disponible, decir "Cuando estén listos, les invito a regresar al círculo."

(C) Compartir con el grupo entero: "Lo que experimenté o descubrí acerca de mí mismo..." Sugerir al grupo que en vez de compartir los sentimientos que experimente, que reflexione sobre la experiencia misma. Por ejemplo, fue fácil o les cuesta estar en contacto con sus sentimientos.

Forma oral:
"Les invitamos a cerrar los ojos y pensar en una emoción o en el sentimiento que esté experimentando ahora mismo. Pueden ser sentimientos positivos, negativos, fuertes, débiles, etc. Intenten asociar cada sentimiento con su respectiva fuente, por ejemplo: 'Me siento cansado porque no dormí bien anoche.' Cuando ya hayan nombrado su emoción, abran los ojos y compartan con su cónyuge. Comiencen cada oración con 'yo'. Tomen turnos al compartir sus sentimientos. Les voy a dar cuatro oportunidades para cerrar los ojos y luego compartir. ¿Listos? Yo les indicaré cuándo cerrar los ojos y pensar, y cuándo

abrirlos y compartir. La primera vez el hombre compartirá primero; la segunda vez la mujer, y así alternando quien comienza, pero cada vez participarán ambos. A cerrar los ojos...”

Al terminar el ejercicio entre parejas, el líder pregunta: “¿Quién quiere compartir con el grupo, ‘Lo que descubrí acerca de mí mismo’?”

8. *ENSEÑANZA:* **“EL CICLO DE LA COMUNICACIÓN”**

“La comunicación tiene dos desafíos:

1. **Darse a conocer:** Cómo podemos estar conscientes de nuestro ‘yo’ y comunicarlo con claridad y sencillez al otro; y

2. **Escuchar al otro**: Cómo podemos escuchar a nuestro cónyuge y comprender lo que nos quiere revelar de sí mismo, como base de la comunicación mutua.

“Estudiaremos estos dos desafíos en orden. Luego combinaremos estos nuevos conocimientos y habilidades en el **Ciclo de la Comunicación**. Es un método muy útil. Si se emplea bien, podemos entendernos mejor. Tiene 4 partes y requiere que uno mantenga el papel de emisor o el papel de receptor hasta completar el Ciclo”. Señalar el afiche (cartel, póster): **“El Ciclo de la Comunicación”**.

I. **El cónyuge emisor manda un mensaje, dándose a conocer.**
II. **El cónyuge receptor escucha y resume**.
III. **El cónyuge emisor responde: confirma, clarifica, o corrige lo entendido**.
IV. **El cónyuge receptor invita al emisor a que diga más**.

9. *ENSEÑANZA:* **“CÓMO DARSE A CONOCER”**

En un afiche (cartel, póster) de papel mantequilla (sábana, manteca, molde, afiche, tirro), la pareja facilitadora señala el **primer paso** del Ciclo: “**I. El cónyuge emisor manda un mensaje, dándose a conocer**”. Luego se turna, diciendo:

“En este afiche (cartel, póster) vemos **el punto Nº 1 del Ciclo en detalle: El cónyuge emisor manda un mensaje, dándose a conocer**. Un **asunto en cuestión/desafío/tema** es cualquier cosa, preocupación o celebración, que es de importancia para ti y tu pareja. Un asunto en cuestión puede ser relacional, temático o personal. Para comenzar a explorar cualquier asunto en cuestión, el cónyuge emisor manda un mensaje, dándose a conocer.

(a) “Emplea oraciones que comienzan mayormente con **‘yo’** y el **verbo** más apropiado según los nueve puntos destacados aquí, haciéndose responsable de su persona. Esta precisión ayuda al cónyuge receptor a resumir más tarde el mensaje mandado.
(b) “Oraciones que comienzan con **‘tú’** tienden a acusar o culpar al otro y a frustrar la comprensión mutua que se anhela. Por eso, se evitan. También, se deben evitar mensajes disfrazados. Por ejemplo: ‘Yo siento que tú...’ Más bien, cuando hay dolor o herida se puede expresar con la frase, ‘Yo siento _______ cuando tú haces o dices _______.’ Hay una excepción. Es correcto decir a tu cónyuge: ‘Tú eres el hombre/la mujer más maravilloso del mundo.’
(c) “Cuando el cónyuge emisor está explorando un asunto en cuestión, es aconsejable que primero se dé a conocer en los primeros ocho aspectos o facetas de su ser (menos el de

acción), y esto en cualquier orden. Luego, puede volver a cualquier aspecto cuantas veces quiera. Quiere decir que cuando uno está explorando un tema, puede precisar más tiempo para reflexionar antes de tomar una acción determinada.

(d) "Cualquier idea puede ser expresada en el pasado, el presente, o el futuro.

"En relación con cualquier asunto en cuestión/desafío/tema se agrupa **una variedad de impresiones y datos** de diferentes tipos. Por ejemplo:

1. "Hay ***información*** (percepciones) que **recibo** por mis 5 **sentidos físicos** (vista, oído, tacto, olfato, y gusto) y con mis **sentidos espirituales** o **psicológicos**: Yo veo... escucho... observo... noto... percibo... (Esto **no** es información que yo doy a mi cónyuge, sino información que recibo de mi ambiente.)

2. "Tan pronto como tengo los datos de las percepciones, comienzo a procesar la información y a ***reflexionar*** sobre el asunto en cuestión: Yo recuerdo... entiendo... pienso... creo... opino... Me imagino... considero...

3. "A cada asunto asignamos cierta ***importancia:*** Este asunto significa para mí...Tiene ______ importancia para mí.

4. También tengo ***sentimientos*** (emociones) en cuanto al asunto en cuestión: Me siento...Yo siento... ('Siento que' no es emoción sino pensamiento.)

5. ***"Expectativas:*** Yo espero...

6. ***"Necesidades:*** Yo necesito...

7. ***"Deseos*** (para mí, para mi cónyuge, para otros): Yo quiero... deseo... anhelo...

8. ***"Intenciones:*** Yo me comprometo... Mi intención es... Me propongo...

9. ***"Acciones:*** Puedo decidir actuar: Yo voy a hacer..."

Al nombrar cada tipo de reacción al asunto en cuestión/ desafío/tema, la pareja facilitadora puede señalar las palabras clave en el afiche (cartel, póster). Aquí la pareja facilitadora puede ayudar a los participantes a memorizar los nueve puntos por grupos, asociándolos con las tres siglas IRIS, EN y DIA. Por ejemplo, la pareja facilitadora puede decir:

"Al comienzo puede parecer difícil manejar tantas facetas, pero no es así. Ahora mismo vamos a aprenderlas de memoria. Hay una nemotécnica que nos puede ayudar a memorizar estas nueve facetas de nuestro ser. Si las dividimos en tres grupos, llegan a ser IRIS, EN y DÍA. Por ejemplo, notamos la primera letra de cada faceta, la I de Información, la R de Reflexiones, la I de Importancia, la S de Sentimientos. ¿Qué dice? I...R...I...S. IRIS, Información, Reflexiones, Importancia, y Sentimientos." (Repetir esta frase con el grupo varias veces, y luego decir...) "La siguientes dos palabras son Expectativas y Necesidades. E...N... ¿Qué dice? EN. ¿Quieren repetir conmigo? EN, Expectativas, Necesidades." (Repetir esta frase con el grupo varias veces, y luego decir...) "Las últimas tres palabras son Deseos, Intenciones, Acciones. ¿Qué dice? D...I...A. ¿Quieren repetir conmigo? DIA, Deseos, Intenciones, Acciones." (Repetir esta frase con el grupo varias veces, y luego decir...) "¡Super! Ahora vamos a repetir todas las siglas y palabras. Yo les daré las siglas una por una, y les invito a decir juntos las palabras que corresponden a cada sigla. ¿Listos? IRIS: Información, Reflexiones, Importancia, Sentimientos. EN: Expectativas, Necesidades. DIA: Deseos, Intenciones, Acciones." (Hacerlo varias veces hasta que el grupo esté seguro de las nueve facetas. Felicitarles por su buen trabajo.)

Luego, la pareja facilitadora puede guiar el grupo en la aplicación de los nueve puntos a través de cualquier tema que la pareja facilitadora y el grupo escoja. La pareja facilitadora nombra cada punto y espera que los participantes suplan lo demás de la oración (las palabras entre paréntesis). Así **el grupo,** responde espontáneamente y hace la aplicación. En el caso de que no tengan un tema, pueden desarrollar el tema de la primavera. Por ejemplo, invitando el aporte de los participantes, uno de los facilitadores dice:

"Cada estación o época del año ofrece nuevas y diferentes oportunidades para la diversión familiar. ¿Qué les parece si practicamos los nueve puntos usando como tema una de las estaciones (primavera, verano, otoño o invierno) o las épocas (de lluvia o sequía)? Por ejemplo, en la primavera...

1. Veo... (que el pasto se enverdece);
   escucho... (el canto de los pájaros);
   saboreo... (la fruta fresca, la papa nueva);
   noto... (el cansancio de mi cónyuge);
   observo... (que los días son lindos).
2. Puedo reflexionar... (que la primavera es una estación hermosa, que un ser muy querido se enfermó la primavera pasada, que es más agradable estar afuera).
3. Esto tiene ______ importancia para mí... Significa para mí... (nueva vida y nuevos comienzos, días de mucho trabajo).
4. Me siento... (feliz, emocionado, triste, dispuesto a trabajar mucho, entusiasta).
5. Yo espero... (jugar al fútbol, buscar flores, invertir muchas horas en el huerto, descansar).
6. Yo necesito... (ser renovado, refrescado).
7. Quiero... (estar afuera, sembrar semillas, ponerme ropa más liviana, limpiar mi casa).
8. Me comprometo a... (descubrir las necesidades de mi cónyuge, también).
9. Decido... (salir afuera, etc.).

"Yo seré responsable de formular oraciones para darme a conocer a otros, oraciones que comienzan con '**yo**'. Yo intentaré ser consciente de mi 'yo', y haré lo posible para comunicarme con claridad con mi cónyuge. Como cónyuge emisor mandaré mensajes completos que incluyen todas estas dimensiones de mi ser y puntos de vista para que mi pareja pueda entender y comprenderme mejor. Al comienzo, nueve dimensiones parecen ser muchas. Pero frecuentemente tenemos tendencia a expresarnos sólo en la mitad de estos puntos, y por eso, en parte, no nos entendemos bien. Si queremos profundizar nuestra comprensión mutua, vale la pena esforzarnos para expresar todo nuestro IRIS EN DIA al otro. Si quiero expresar algún dolor o herida en la relación, lo haré con 'yo' tomando responsabilidad por mi persona y sin culpar al cónyuge. Por ejemplo, 'Yo siento _________, cuando tú haces _________.' Así el cónyuge receptor puede describir lo que yo percibo, pienso, valoro, siento, necesito, espero, deseo, prometo, y hago. Yo haré lo mismo para mi cónyuge cuando él o ella sea el emisor."

10. **EJERCICIO: "SE DESARROLLA LA CAPACIDAD DE DARSE A CONOCER"**
(Ejercicio Nº 2, Etapa III)

"Propósito: Ser más consciente de mis percepciones, pensamientos, valores, sentimientos, expectativas, necesidades, deseos, intenciones y acciones, y compartirlos con mi cónyuge."

Forma escrita:

"Alguna vez ustedes han salido como pareja o familia un día especial, y al volver a casa alguien dijo: 'Eso no era lo que yo quería hacer. No me gustó.' Quizás fue porque todos no habían expresado su IRIS EN DIA de antemano. Vamos a aplicar las pautas de 'Darse a conocer' al asunto de 'Planeamos un día de familia'. Puede ser un plan para ustedes dos, o un plan que incluye a los hijos. En tal caso, al llegar a casa sería apropiado también escuchar el IRIS EN DIA de cada hijo. Se invita a cada persona a formular oraciones que comienzan con 'yo' para expresar sus percepciones, reflexiones, valores, sentimientos, expectativas, necesidades, deseos e intenciones (cada cónyuge) en relación con ese tema. Sugerimos (1) que esperen hasta compartir con su cónyuge para concretar la acción (plan), y (2) que este sea un plan que puedan llevar a cabo dentro de un futuro cercano."

(A) Preparar individualmente.

(B) Compartir entre cónyuges, cara a cara. Cada uno comienza leyendo por turno las primeras 8 partes del ejercicio, luego dialogan sobre el contenido, expresándose con claridad y escuchando al otro. Después de compartir y escucharse por turnos, procuren combinar sus ideas para formular un plan para su día de familia (faceta 9, acciones). Al completar el tiempo disponible, decir "Cuando estén listos, les invito a regresar al círculo."

(C) Compartir con el grupo entero: "Lo que descubrí acerca de mí mismo...", cada individuo habla de sí mismo al grupo. En vez de informar al grupo de los planes específicos concordados, buscar detrás de ellos para descubrir su **manera** de comunicarse y formular planes.

Forma oral:

(A) Pensar individualmente.

(B) Compartir entre cónyuges, cara a cara. Cada uno comienza a compartir oralmente por turno las 9 partes del ejercicio, luego dialogan sobre el contenido, expresándose con claridad y escuchando al otro.

(C) Compartir con el grupo entero: "Lo que descubrí acerca de mí mismo..."

"Bien, ¿qué les parece? ¿Estamos más en contacto con nuestro 'yo' y conscientes de cómo comunicarnos con claridad con el cónyuge? No es tan difícil, ¿verdad? Y es bueno darnos a conocer. ¡Les felicitamos por su buen trabajo!"

DESCANSO
(darse masajes en la espalda)

11. ***ENSEÑANZA*: "CÓMO ESCUCHAR AL OTRO"**

"Propósito: Presentar pautas que nos ayuden a escuchar.

"Habiendo estudiado y practicado pautas que nos ayudan a darnos a conocer al otro, ***ahora entramos en la segunda parte de la enseñanza sobre la comunicación.*** El enfoque es aprender a escuchar al otro para entender lo que nuestro cónyuge quiere expresar de sí mismo como base del diálogo."

Señala el afiche (cartel, póster) "**El cónyuge receptor escucha y resume**", explica en detalle el **segundo paso** del **Ciclo de la Comunicación**.

"**Pautas para escuchar al otro**: Aquí hay 3 pautas que nos pueden ayudar a mejorar nuestra habilidad de escuchar. Son muy sencillas.

1. "**Prestar atención** con mente, corazón y cuerpo. Hay que desear escuchar al cónyuge. Apagar la televisión. Cerrar el periódico. Librarse de cualquier actividad para atender al otro. Escuchar activamente con todo su ser. Escuchar no es un papel pasivo, sino muy activo. Requiere que el receptor dé su atención indivisible y enfocada al emisor. Observar las expresiones no-verbales (gestos y posturas, silencios, tono y volumen de voz). Notar las expresiones verbales según su cónyuge vaya dándose a conocer (información, reflexiones, importancia, sentimientos, expectativas, necesidades, deseos, intenciones y acciones). Escuchar al otro con el único propósito de comprender su punto de vista. No hay que criticar, ni buscar defectos en lo que el otro dice, ni responder a la defensiva.

2. "**Resumir:** Después de cada 1 ó 2 oraciones, el cónyuge receptor resume el mensaje mandado para estar seguro de haber entendido correctamente. El significado de esto es más amplio que este mismo concepto; implica retroalimentación. Cuando uno resume, es importante repetir los verbos empleados por el cónyuge emisor y también captar el sentimiento detrás de las palabras. Resumir con el mismo verbo y la identificación emocional asegura que el mensaje recibido es igual al mensaje mandado: 'Yo entiendo que tú deseas...' 'Estás perplejo...' 'Sientes...' 'Necesitas...' 'Esperas...' A veces se dice 'Yo te entiendo'. Puede ser correcto o incorrecto. La mejor manera de asegurar que uno ha entendido bien es resumir para que el emisor pueda confirmar, clarificar o corregir. **Resumir es clave para la comunicación**. Resumir requiere que ambos hablen y escuchen.

3. "**Preguntar:** Inmediatamente después de resumir el receptor pregunta: '¿Esto es lo que quieres decir...?' '¿Entendí bien...?' El propósito no es satisfacer mi necesidad de saber, sino ayudar al cónyuge a expresarse totalmente sobre el tema que está explorando. Luego pedir al otro que confirme, clarifique o corrija el informe. El cónyuge receptor, al escuchar activamente, puede observar cuáles de los 9 puntos el cónyuge emisor está usando para darse a conocer, y si salta alguno de ellos, dejando un mensaje incompleto, el cónyuge receptor puede preguntar: '¿Y cómo te sientes...?' o '¿Qué necesitas...?' u otra frase, según el caso. Esto es un papel muy importante, porque el punto saltado puede ser clave para conocer el corazón del amado.

"A veces ocurre que cuando un cónyuge comienza a compartir algún dolor o desafío en su vida, el cónyuge receptor, sin escucharle atentamente, comienza a darle consejos. '¿Por qué no hiciste...?' o '¿Por qué hiciste tal cosa?' Sin embargo, el cónyuge emisor no necesita que su pareja le dé consejos no solicitados ni crítica, sino necesita ser escuchado atentamente para ayudarle a descubrir la respuesta dentro de su ser. Una excusa que a veces se emplea para justificar la infidelidad es 'Mi cónyuge no me entiende, pero (fulano de tal), sí, me escucha y me comprende.'

"Amados, un adulto no necesita que otro le diga lo que debe hacer acerca de los desafíos personales. Aun si uno pide consejos al otro , el favor mayor que el cónyuge puede ofrecer es ayudarle a descubrir por y para sí su propia solución, a través de examinar principios preventivos del Reino y explorar juntos una variedad de posibilidades/alternativas.

"Escuchar cuidadosamente a otra persona es precisamente la base del trabajo del consejero profesional, ¿no es verdad? Por lo tanto, uno de los regalos más grandes que un cónyuge puede dar al otro es reservar un tiempo cada día para escucharle, empleando el Ciclo de la Comunicación. Escuchar al otro con interés sincero y juntos buscar estos principios orientadores es ministrar al cónyuge con amor.

"En cuanto a temas relacionales, es indispensable que los dos cónyuges escuchen y valoren las ideas el uno del otro. Conocer y aceptar a otra persona, y ser conocido y aceptado con amor forman la raíz de la intimidad.

"¿Hay preguntas u observaciones?"

12. ***ENSEÑANZA:* "CÓMO COMPLETAR EL CICLO DE LA COMUNICACIÓN"**
"Propósito: Aprender a completar el Ciclo de la Comunicación." Señalar el afiche (cartel, póster) "Cómo Completar el Ciclo de la Comunicación"

"¿Se acuerdan? El Ciclo de la Comunicación se inicia con el cónyuge emisor mandando un mensaje, dándose a conocer. Segundo, el cónyuge receptor escucha y resume. El Ciclo de la Comunicación se completa con los pasos III y IV. Son:

III. "**El cónyuge emisor responde**:

1. **Confirma:** 'Sí, me entendiste bien', 'Correcto',
2. **Clarifica**: 'Además dije...', o
3. **Corrige lo entendido**: 'Permíteme explicarte de nuevo.'

IV. **"El cónyuge receptor invita al emisor a que diga más:**
'¿Qué más quieres decirme?', '¿Qué más...?', '¿Hay algo más?'
Cuando el emisor confirma que el receptor ha resumido correctamente, entonces el cónyuge receptor invita al emisor a que diga más.

1. Hasta escuchar todo lo que el emisor quiere decir sobre el asunto en cuestión, o
2. Hasta completar el tiempo acordado y disponible.
3. Luego, los dos cambian papeles. Así se cumple el Ciclo de la Comunicación. Frecuentemente en el diálogo conyugal cuando el emisor inhale, el receptor salta para inyectar su parecer. Queremos cambiar esa química. En vez de competir para ser el emisor, el receptor le invitará a que diga más, ayudándole a estar en contacto con la totalidad de su ser y a expresarse plenamente.
4. En caso de que venga a la mente del cónyuge receptor una idea candente que quiere compartir con el emisor cuando le toque hablar, puede anotarla en el papel en forma abreviada, sin dejar de escuchar al emisor.
5. También, si la pareja está explorando algún tema y llegan a acuerdos importantes, se sugiere que anoten esas decisiones en seguida para no perderlas.
6. El cónyuge receptor no interrumpe al emisor con sus preguntas porque ese hecho puede distraer al emisor de su línea de pensamientos. Solamente cuando el emisor diga 'No tengo más que decir' el receptor puede hacerle preguntas abiertas tales como: ¿qué?, ¿cómo?, ¿dónde?, ¿cuándo?, ¿quién?, ¿con qué?, etc.[1]

"Cuando existe la tendencia de que uno habla y el otro se calla, el Ciclo de la Comunicación trae equilibrio a la relación. El cónyuge que se calla se esfuerza por hablar. El cónyuge que habla mucho aprende a escuchar, resumir e invitar al emisor a que diga más.

"¿Hay preguntas u observaciones?" (1) Los facilitadores señalan otra vez las 4 partes del afiche (cartel, cartelera, póster) **"El Ciclo de la Comunicación"** para completar la enseñanza. (2) Se sugiere que la pareja facilitadora distribuya el Ciclo de la Comunicación plastificado a todos y haga una demostración del uso del Ciclo de la Comunicación con las alfombras pequeñas (tapetes, esteras) puestas en el piso. (3) Con el Ciclo plastificado en sus manos, los participantes pueden ponerse de pie para observar la demostración. Decir: "El propósito de la demostración es mostrarles cómo el emisor y el receptor permanecen en sus respectivos papeles hasta completar el Ciclo, y luego cambian.

13. **EJERCICIO: "SE PRACTICA EL CICLO DE LA COMUNICACIÓN"**

(Ejercicio Nº 3, Etapa III, plastificado o en folio)
"Propósito: Practicar el Ciclo de la Comunicación y escoger una hora cuando pueden conversar unos 20 minutos cada día.

"Ahora les invitamos a practicar el Ciclo de la Comunicación." Señalar el afiche (cartel, póster) "Pautas para el diálogo conyugal". "Antes de comenzar, aquí hay unas pautas para facilitar su diálogo conyugal. Primero, las leeré en detalle. Luego, les invitaré a leer el afiche conmigo:

1. Sentarse frente a frente haciendo contacto visual y quizás físico.
2. Respetar al otro y sus aportes. Esperar que tu pareja termine su mensaje, sin interrumpir.
3. Escuchar cuidadosamente y aceptar los sentimientos de tu cónyuge. Por el momento, poner a un lado tus propias ideas y sentimientos.
4. Aceptar los aportes de tu cónyuge aunque no estés de acuerdo. Más tarde te tocará a ti y tu cónyuge te escuchará.
5. Usar ¿qué?, ¿cómo?, ¿dónde?, ¿cuándo?, ¿quién?, ¿con qué? sólo para aclarar lo que tu cónyuge quiere explicarte, sólo para aumentar la comprensión, y eso sólo cuando el emisor diga que ha terminado de expresarse.
6. Emplear las 4 partes del **Ciclo de la Comunicación** en su orden. Correctamente usado, el Ciclo nos ayuda a renunciar a todo control, toda manipulación, toda dominación en la relación matrimonial.
7. Los dos cónyuges hablan y escuchan por turnos. Por si acaso el cónyuge receptor teme que se le escape un pensamiento sumamente importante antes de que le toque hablar, se sugiere que anote la idea brevemente en un papel sin dejar de escuchar al cónyuge emisor.

"Por favor, siéntense cara a cara. Vamos a practicar lo aprendido. Cada cónyuge puede tomar en sus manos el ejercicio plastificado '**El Ciclo de la Comunicación**'. El tema que sugerimos es el siguiente: '¿Cuál sería una buena hora cada día en que podamos conversar veinte minutos acerca de nuestros sentimientos y los acontecimientos importantes del día?' Tomen un momento para enfocar sus pensamientos. Luego, la mujer puede hablar primero. Durante 5 minutos la mujer envía su mensaje y el

---

1. Esta última idea tiene su origen en Miller, Miller, Wackman, Nunnaly: *Talking and Listening Together*, Interpersonal Communication Programs, Inc, Littleton, CO, 1991, página 61.

hombre escucha, después cambian. El hombre enviará el mensaje y la mujer escuchará. Acuérdense de que el emisor no habla más de 1 ó 2 oraciones a la vez antes de permitir que el receptor resuma. Durante estos 10 minutos, usan sólo las primeras 8 facetas del IRIS EN DIA. Finalmente, tendrán dos minutos para llegar a un acuerdo/acción/decisión (faceta 9). Esta será su primera práctica en cuanto al uso del Ciclo de la Comunicación. Por eso, recuerden emplear el Ciclo en su totalidad. Yo les indicaré los minutos y cuándo cambiar papeles."

(A) Compartir entre cónyuges, turnándose. Al completar el tiempo disponible, decir: "Cuando estén listos, les invito a regresar al círculo."

(B) Compartir con el grupo entero: "¿Cómo les fue?

1. ¿El Ciclo de la Comunicación les ayudó a entenderse?
2. ¿Qué decidieron?"

(Esperar respuestas breves en cuanto a las horas escogidas para la conversación conyugal.)

14. ***ENSEÑANZA:* "EL ARCO IRIS DE LA COMUNICACIÓN"**[1]

(Tomar en las manos el Ejercicio Nº 4, Etapa III. Se encuentra al dorso del plastificado.)

"¿No es verdad que hay diferentes maneras de expresar lo que queremos decir? Si queremos crecer como personas en nuestra relación matrimonial, es muy importante examinar nuestra manera de comunicarnos. El **Arco Iris de la Comunicación** nos ayuda a analizar nuestro estilo y el impacto de nuestras palabras en nuestro cónyuge.

"Toda comunicación tiene dos lados: un **mensaje** (aspecto objetivo) y un **propósito** (aspecto subjetivo). Estos dos aspectos se combinan en cada intercambio y producen un **Arco Iris de la Comunicación**."

Invitar a las parejas a tomar en sus manos el plastificado del Ciclo de la Comunicación y el Arco Iris y observar el lado con el Arco Iris de la Comunicación. De acuerdo a como se vaya desarrollando la enseñanza, invitar al grupo a leer en voz alta las partes correspondientes de la hoja.

"Los seis colores del **Arco Iris** indican varias cosas :

1. El **punto de vista** o la **posición** del cónyuge emisor.
2. La posible **variedad de impresiones** (positivas y negativas) de cada intercambio.
3. El **matiz del significado** de las expresiones verbales y no-verbales.
4. La **actitud** o el **intento** del cónyuge emisor.
5. La **emoción** (gestos, tono de voz, expresión facial) del cónyuge emisor.
6. El **grado de autorresponsabilidad** del emisor."

---

1. Adaptado y usado con permiso de los esposos Phyllis y Randy Michael: The Communication Rainbow, 1994. 14385 S.W. 80th Place, Tigard, OR. 97224. Derechos reservados.

A continuación se sugiere que la **pareja facilitadora** converse brevemente, después de definir las características de cada color, para **demostrar (dramatizar)** esa actitud cuando aparece este signo: "*". Hacerlo en tal forma que haga resaltar las diferencias entre los seis colores del **Arco Iris**. Luego, puede seguir adelante con lo demás de la explicación del color nombrado. Puede usar el mismo tema para conversar sobre cada color. Posibles temas que se pueden desarrollar son:

a. fiestas y fechas importantes
b. quién lava los platos/compra los víveres
c. quién lleva las cuentas del hogar
d. usar o no almohada/cuántas frazadas
e. cómo usar la pasta dentífrica
f. hombres o mujeres desordenados/qué hacer con la ropa sucia
g. quién limpia el baño o asea la casa
h. las llaves
i. conflicto de planes referente a la recreación
j. participación en la iglesia/organizaciones
k. parientes y amistades: tuyas, mías, y nuestras

"El **significado** de cada **color** es el siguiente:

1. "El primer color, **rojo**, simboliza una actitud **agresiva** o **argumentativa**. (Vamos a representar este color.)* Rojo en las relaciones humanas tanto como en el semáforo indica '**pare**', '**peligro**'. Así que, cuando nos damos cuenta de que hay un espíritu agresivo o argumentativo en nosotros, cuando nos sentimos molestos, es aconsejable pararnos y reflexionar cuidadosamente antes de tomar un camino que nos ponga en peligro de dañar al ser querido. En vez de atacar al otro, es bueno admitir nuestra necesidad y pedir ayuda al cónyuge, o quizás apartarnos por un tiempo, pedir a Dios que nos muestre el sentimiento detrás de nuestro malestar y luego expresarlo al cónyuge con oraciones comenzando con 'yo'.

   "A pesar de que queremos eliminar el rojo de nuestra manera de hablar, este color puede tener su lado positivo. Quizás el rojo señale un desafío/asunto en cuestión/tema que necesita ser resuelto entre los cónyuges durante sus veinte minutos comprometidos. Úsenlo como señal de alerta, como una oportunidad para crecer.

2. "El segundo color, **anaranjado**, contiene una advertencia para la persona con tendencias a ser **dominante** o **manipulador**. (Vamos a hacer el mismo *sketch* con el color anaranjado.)* A nadie le gusta ser dominado. Por eso, tampoco es apropiado tratar de dominar al otro, sino practicar la regla de oro. El propósito del anaranjado es controlar al otro, cambiarlo. Tiene la tendencia de menospreciar, desprestigiar, usar sarcasmo, suponer, exigir, culpar al cónyuge. Por ejemplo: 'Nunca tienes tiempo para mí...', 'Si me amaras, harías lo que te pido...', 'Por supuesto, debías tener la comida lista para la hora de mi llegada...', (con autoridad). '¿Qué hiciste con mis lentes?, ¿mis documentos?, ¿mis zapatos?, ¿mis llaves? El color anaranjado tiende a provocar una respuesta reaccionaria.

   "El **silencio** puede ser otra manera de controlar al cónyuge. El cónyuge que escoge no compartir sus percepciones (información), reflexiones, importancia, sentimientos, expectativas, necesidades, deseos, intenciones o planes de acción puede manipular a su pareja por su pasividad y la falta de plena participación en la relación. A veces es más fácil callar que enfrentar una situación o responsabilidad.

"También, queremos eliminar el anaranjado de nuestra manera de hablar. Sin embargo, se puede usar en forma positiva. Quizás señale un desafío/asunto en cuestión/tema que necesita ser resuelto entre los dos esposos. Pues, úsenlo como tema de sus veinte minutos y una oportunidad para evaluar, cambiar, y crecer.

3. "El tercer color, **el amarillo**, simboliza una actitud **cuidadosa y prudente**. (Ahora, el *sketch* para el amarillo.)* ¿Se acuerdan de la experiencia de Moisés cuando Dios le llamó de en medio de la zarza ardiente diciendo: 'Quita tu calzado de tus pies, porque el lugar en que tú estás, tierra santa es'? (Éxodo 3:5). El amarillo adopta esa misma actitud frente al cónyuge. El cónyuge es 'tierra santa'. Por eso es apropiado actuar y hablar con tino, tomar tiempo para escuchar atentamente al amado antes de responder. Por ejemplo: 'Déjame pensar antes de contestar...' 'Quiero escuchar todo.'

4. "El cuarto color es **el verde**, el color de nueva vida. Simboliza una actitud **colaboradora y respetuosa**. (Vamos a tratar de lograrlo.)* Cuando los dos cónyuges tengan este espíritu, hay vida nueva cada día en su hogar. Detrás de las palabras, hay un deseo profundo de hacer crecer la relación y de bendecirse mutuamente. Todo trabajo se considera 'nuestro'. Si uno de ellos experimenta un desafío especial, su cónyuge le apoya moralmente en la lucha. Las decisiones, sean de finanzas, la educación de los hijos, el empleo, los suegros, etc., se enfrentan y se resuelven con los dos hablando claramente de su 'yo' y escuchándose cuidadosamente para descubrir cada uno el IRIS EN DIA del otro. Por ejemplo: '¿Te ayudo con la loza? Mientras aseamos la cocina, ¿podemos continuar nuestra conversación acerca de nuestras prioridades financieras?'

5. "El quinto color, **azul**, tiene como propósito ser **cariñoso y expresar aprecio**, valorando al cónyuge en todo aspecto del diario vivir. (La misma situación, pero en color azul.)* **Amar es ser sensible a los sentimientos y necesidades del otro, y expresarlo en formas verbales y prácticas**. Emplear las palabras mágicas: 'por favor' y 'gracias' con frecuencia. Unos ejemplos de cariño y aprecio son: '¡Bienvenido a casa! ¿Cómo te fue hoy día? (un abrazo o un beso de bienvenida)...' 'Pareces cansada. ¿Quieres que te dé un masaje en la espalda?...' 'Eso te lastimó. Lo siento...' 'Por favor, ayúdame...' '¡Gracias por el buen trabajo que hiciste!'

6. "El sexto color, **morado**, significa un compromiso para preguntar, **descubrir nuevas posibilidades**. (La representación final, morada.)* Juntos los cónyuges buscan respuestas al desafío. Examinan información, consideran alternativas y generan nuevas opciones. Los dos hacen preguntas abiertas para crecer en la relación matrimonial. Por ejemplo: '¿Qué piensas?...' '¿Qué te parece?...' '¿Podemos estudiarlo y resolverlo juntos?...' 'Aprecio tu punto de vista...' 'Tienes dones en esta área que pueden ayudarnos a llegar a una buena decisión...'

"**La meta** de nuestro diálogo es emplear más los colores positivos y edificantes. **El objetivo** es cambiarme a mí y no a mi cónyuge. **La llave** del uso del **Arco Iris de la Comunicación** es la flexibilidad, buscando siempre las actitudes más apropiadas en cada conversación. Pues, usado correctamente, cada color puede ser útil. Cuando estamos aprendiendo a mejorar la comunicación y uno de los cónyuges comienza a usar el color rojo o el anaranjado, puede ser útil que su compañero íntimo le pregunte con amor: '¿En qué color estás?' ¿Hay preguntas?"

***Enseñanza alternativa:* "El Semáforo de la Comunicación"**
(Tomar en las manos el Ejercicio Nº 15, Etapa III, alternativo para Ejercicio Nº 4, Etapa III.)

"¿No es verdad que hay diferentes maneras de expresar lo que queremos decir? Si queremos crecer como personas en nuestra relación matrimonial, es muy importante examinar nuestra **manera** de comunicarnos. El **Semáforo de la Comunicación** nos ayuda a analizar nuestro estilo de hablar y el impacto de nuestras palabras en nuestro cónyuge.

"Toda comunicación tiene dos lados: un **mensaje** y un **propósito**. Estos dos aspectos se combinan en cada intercambio y producen el **Semáforo de la Comunicación**.

"El **significado** de cada **color** es el siguiente:

1. "El primer color, **rojo**, simboliza una actitud **agresiva, argumentativa, dominante y manipuladora**.* El rojo en las relaciones humanas tanto como en el semáforo indica '**¡Peligro! ¡Alto!**' Así que, cuando nos damos cuenta de que hay un espíritu agresivo o argumentativo en nosotros, o una tentación de dominar o manipular al cónyuge, es aconsejable pararnos y reflexionar cuidadosamente antes de dañar al ser querido.

2. "El segundo color, **amarillo**, simboliza una actitud **cuidadosa y prudente**. Representa un deseo de **preguntar y descubrir nuevas posibilidades**.* El amarillo en las relaciones humanas tanto como en el semáforo indica '**¡Precaución!**' Juntos los cónyuges buscan respuestas a cualquier desafío. Examinan información, consideran alternativas, generan opciones y hacen preguntas abiertas. Por ejemplo: 'Déjame pensar antes de contestar...' '¿Qué piensas?...' '¿Podemos estudiarlo y resolverlo juntos?'

3. "El tercer color, **verde**, simboliza una actitud **colaboradora, respetuosa y cariñosa**, valorando al cónyuge y **expresándole nuestro aprecio**.* El verde en el semáforo significa '**¡Adelante! ¡Siga!**' Cuando los dos cónyuges tengan este espíritu, hay nueva vida cada día en su hogar. Detrás de las palabras hay un deseo profundo de que la relación crezca y de bendecirse mutuamente. Todo trabajo se considera 'nuestro'. Si uno de ellos experimenta un desafío especial, su cónyuge lo apoya moralmente en la lucha. Las decisiones se enfrentan y se resuelven con los dos hablando claramente de su 'yo' y escuchándose cuidadosamente. Por ejemplo: '¿Te ayudo con la loza?' 'Eso te lastimó. Lo siento...' '¡Gracias por el buen trabajo que hiciste!' '¿Hablaremos de las finanzas durante los veinte minutos esta noche?'"

15. **EJERCICIO: "MI USO DEL ARCO IRIS DE LA COMUNICACIÓN"**
(Ejercicio Nº 5, Etapa III)
"Propósito: Estar en contacto con los colores de comunicación que predominan en su relación matrimonial y considerar los cambios que desean hacer."

Este ejercicio se inicia con el volante "Mi uso del Arco Iris de la Comunicación": parte (A). Preparar individualmente. Se completa en el segmento 16 con la explicación del '10 y 10' y las partes (B) y (C) del ejercicio.

Forma escrita:

(A) Preparar individualmente. Completar sólo los seis colores y dejan las últimas dos preguntas hasta el final del segmento 16.

Forma oral:

(A) El líder leerá despacito las partes del ejercicio, dando tiempo para que cada persona reflexione, preparándose para conversar con su cónyuge en el siguiente ejercicio.

16. **CONTINUACIÓN DEL EJERCICIO: "MI USO DEL ARCO IRIS DE LA COMUNICACIÓN".** Explicar '10 y 10'. Luego, completar partes (B) Compartir entre cónyuges, y (C) Compartir con el grupo entero del ejercicio.

"Por favor, ¿me prestan su atención? Quiero explicarles el siguiente paso del ejercicio. ¿Se acuerdan del tiempo cuando estaban pensando en casarse, y al fin de una cita tenían que irse cada uno a su casa? Quizás pensaron: '¡Qué lindo será cuando no tengamos que decirnos «buenas noches» y despedirnos y podamos estar juntos para siempre!' Anhelaban una mayor intimidad. Quizás en medio de los quehaceres del diario vivir hayan perdido ese anhelo agudo de acercarse más.

"Hay un ensayo que se llama **'10 y 10'** que les puede ayudar a recuperar ese anhelo de acercarse más y llegar a esa mayor intimidad. Les puede ayudar a comunicarse mejor no solamente durante el taller, sino también en los meses y años venideros.

"Es sencillo: **'10 y 10'** significa que la pareja toma 20 minutos cada día para **conversar** íntimamente. Pueden **conversar** sobre cualquier sentimiento o acontecimiento del día o sobre cualquier tema que los dos escojan. Uno habla y el otro escucha (el mismo tiempo para cada uno) durante los 20 minutos, usando el **Ciclo de la Comunicación**. Recuerden siempre ser honestos, sensibles, y cariñosos. El propósito es edificarse mutuamente y aumentar el amor conyugal."

Forma escrita:

(B) "Tienen 14 minutos ahora para un **'10 y 10' abreviado**. Sugiero que el **tema** de su conversación sea 'Mi uso de los seis colores del **Arco Iris de la Comunicación** y lo que quiero cambiar'. Para esto pueden usar el ejercicio que acaban de preparar en forma escrita. Con el Ciclo de la Comunicación en las manos, durante los primeros cinco minutos el hombre será el emisor y la mujer el receptor. Después, durante los cinco minutos siguientes, la mujer será el emisor y el hombre el receptor. Al final, cada uno tendrá dos minutos para responder a las dos últimas preguntas. Esto será su primer '10 y 10'. ¿Cómo puede ubicarse en el Ciclo de la Comunicación? El emisor comenzará leyendo su lista de mensajes que ha expresado en cada color. Por ejemplo: 'Recuerdo que dije...' (una Reflexión...R de IRIS). Luego, según el tiempo que resta, el emisor puede compartir otras facetas de IRIS EN DIA. Al final, puede expresarse en relación con las últimas dos preguntas: '¿Cuales colores predominan...?' (Reflexiones) y '¿Qué cambios quiero hacer...?' (Intenciones, el I del DIA).

Forma oral:

(B) "Primero, sentados frente a frente y con los ojos cerrados, piensen individualmente y compartan entre cónyuges alternando, un color a la vez. Usen el Ciclo de la Comunicación. Yo repetiré los colores uno por uno, dándoles tiempo para tratar cada tema. Usen oraciones que comienzan con 'yo'. ¿Están listos?"

La pareja facilitadora leerá paulatinamente las palabras y frases a continuación, dando a las parejas tiempo suficiente para conversar: "Acuérdate de mensajes que tú dirigiste a tu cónyuge la semana pasada en los cuales utilizaste los siguientes colores: rojo (agresivo)... anaranjado (dominante)... amarillo (cauto)... verde (colaborador)... azul (cariñoso)... morado (indagando)... ¿Cuáles colores del **Arco Iris** o actitudes predominan en tu parte de la relación con tu cónyuge? ¿Qué cambios quieres hacer en tu uso de los seis colores?"

Forma escrita y forma oral:

(C) Cuando las parejas hayan completado su "10 y 10", la pareja facilitadora puede invitar a voluntarios a compartir con el grupo entero sus respuestas a las dos últimas preguntas del ejercicio y hablar de su "yo".

17. *ENSEÑANZA:* **"REFLEXIONES"**

"A veces decimos que 'no tenemos tiempo' para sentarnos juntos y comunicarnos el uno con el otro cada día. Amigos, todos tenemos 24 horas al día. **Delante de Dios** hemos prometido amar, apreciar, conocer y cuidar a **una sola persona** hasta que la muerte nos separe. No hemos hecho esta promesa con ningún otro... sólo con nuestro cónyuge: no con el trabajo, no con los niños, no con el estudio, no con el deporte, no con los amigos, no con la casa, no con el ministerio, no con ningún otro interés o persona. La primera iglesia es el hogar.

"Hace algunos años en una clase del seminario de teología recibimos de un rabino un modelo y una enseñanza preciosa. Él nos contó que cada semana tiene un compromiso secreto y especial con su esposa. Ellos fijan la fecha y la hora con anticipación. Así que, cuando alguien le pide una cita o una reunión, si coincide con el compromiso conyugal, el rabino le dice: 'Lo siento. Esa hora ya está programada, pero quiero atenderle. ¿Podemos buscar otra hora?' Así que, sin pedir disculpas o explicarle, el rabino mantiene como sagrada y de primera prioridad la relación conyugal. La iglesia necesita ese tipo de modelo de parte de sus pastores y obreros.

"Se requiere coraje para mantener la relación conyugal como prioridad número uno. A veces es necesario decir 'no' a otras demandas en cuanto al uso de nuestro tiempo. Por ejemplo, planear con anticipación, avisar a otros que tenemos 'una cita previa', desconectar el teléfono, poner un letrero en la puerta, ser creativos y decisivos.

"Pero nosotros también podemos decidir que esa esposa o esposo, vale más que cualquier otro interés o relación humana que tengamos. Juntos podemos decidir que nuestro cónyuge sea la prioridad número uno en nuestras vidas con hechos, tanto como con palabras. Con nuestro cónyuge cada semana podemos realizar ese compromiso secreto y especial.

"Además **todos podemos hacer el pacto** de tener cierto número de minutos cada día para comunicarnos mutuamente lo que pensamos y sentimos y expresarnos nuestro amor, para mantener la relación actualizada sin arrastrar heridas o malentendidos del pasado. Eso será nuestro **'10 y 10'**. Si lo hacemos, es cierto que hemos de **ahorrar tiempo** para hacer las demás cosas. Habrá dentro de nosotros una paz y tranquilidad que engendra fuerzas para servir a Dios y a los demás, y que nos lleva a un mayor sentido de realización."

18. *ENSEÑANZA:* **"CÓMO INVITAR A OTRAS PAREJAS A UN TALLER FUTURO"**

Con frecuencia al experimentar un Taller de Enriquecimiento Matrimonial, las parejas preguntan: "Tenemos amigos y parientes que pueden sacar provecho de esta experiencia. ¿Podemos invitarles a un taller futuro?" La respuesta es: "¡Ojalá que sí!"

"Queremos que lo que ustedes están aprendiendo y viviendo lo puedan compartir con otros. Hacia este fin nos dirigimos, a partir de esta sesión:

1. Se invita a cada pareja integrante que vayan pensando en otra pareja para **reclutarla (inscribirla)** e integrarla a un taller futuro, indicándole la fecha, hora, y lugar a través de una invitación escrita u oral, según corresponda.

2. **Apadrinar** a esa pareja, lo que implica:

   (a) Entregar sus nombres a la pareja coordinadora del **grupo de crecimiento** en la primera reunión;

   (b) Ver que la nueva pareja reclutada (inscrita) asista al taller y participe;

   (c) Orar por ellos desde el momento de reclutarlos (inscribirlos) y en forma especial durante el taller, para que Dios obre en las vidas de ambas personas.

"Esto no les limita a invitar o apadrinar a más de una pareja. La pareja facilitadora entregará las invitaciones para reclutar (inscribir) y confirmar nuevas parejas en la quinta sesión."

19. **CÍRCULO DE ORACIÓN Y DESPEDIDA,** con música ambiental suave (optativo)

"Amado Dios, Creador de la comunicación, te damos gracias por las nuevas enseñanzas. Tenemos mucho que aprender. Sabemos bien que las palabras pueden herir o bendecir. Te pedimos perdón a ti y a nuestro cónyuge por palabras mal escogidas, por voces mal templadas. Nos acordamos de que Jesús nos dijo que 'de la abundancia del corazón habla la boca' (Lucas 6:45). Danos corazones nuevos. Delante de ti, Señor, extendemos el perdón el uno al otro. Te rogamos que sanes los recuerdos de palabras que hemos hablado a nuestro cónyuge que hasta ahora nos han dolido y herido. Ayuda a cada uno de nosotros a practicar lo aprendido, a edificarnos mutuamente con nuestras palabras. Ahora, en tu nombre, Señor, nos bendecimos."

"Les invitamos a tomarse las manos y, mirándose, repetir frase por frase, siguiéndome, la bendición aarónica:

"Que el Señor te bendiga y te proteja;
que el Señor te mire con agrado
y te muestre su bondad;
que el Señor te mire con amor
y te conceda la paz."
Amén.
(Números 6:24-26, Versión Popular)

EL TALLER DE ENRIQUECIMIENTO MATRIMONIAL (TEM)

♥♪♥

BOSQUEJO GLOBAL

SESIÓN III (cuatro horas)

ETAPA III: **APRENDER Y USAR NUEVOS CONOCIMIENTOS Y HABILIDADES QUE NOS LLEVEN AL CRECIMIENTO CONYUGAL POSITIVO:** ***LA BUENA COMUNICACIÓN*** (continuación)

Min.			Página
7	1.	Cantos de alabanzas y oración	69
		Compartir preocupaciones y motivos de alegría	
		Bosquejo para la sesión	
15	2.	*Enseñanza:* "Jesús y las mujeres" y escritura	69
2	3.	Ejercicio: "¿De veras nos conocemos?"	73
		(Ejercicio Nº 6, Etapa III)	
5		(A) preparar individualmente	
8		(B) compartir entre cónyuges	
5		(C) compartir con el grupo entero	
5	4.	Enseñanza: "El Ciclo de la Comunicación: Seguimiento con un plan de acción"	74
1	5.	Ejercicio: "Preparar un plan de acción"	76
		(Ejercicio Nº 7, Etapa III)	
5		(A) preparar individualmente	
10		(B) compartir entre cónyuges	
5		(C) compartir con el grupo entero	
10	6.	*Enseñanza*: "Puentes para la comunicación eficaz"	76
		(Ejercicio Nº 8, Etapa III)	
2	7.	Ejercicio: "Compartir como pareja"	77
10		(A) compartir entre cónyuges	
4		(B) compartir con el grupo entero	
15		**Descanso** (Dar masajes en la espalda)	78

ETAPA III: **APRENDER Y USAR NUEVOS CONOCIMIENTOS Y HABILIDADES QUE NOS LLEVEN AL CRECIMIENTO CONYUGAL POSITIVO:** ***EL USO CREATIVO DEL CONFLICTO***

Min.			Página
15	1.	*Enseñanza:* "El enojo y principios bíblicos"	78
1	2.	Ejercicio: "El uso de principios bíblicos: El uso creativo del conflicto"	79
1		(A) preparar individualmente	

6		(B) compartir entre cónyuges	
5		(C) compartir con el grupo entero	
5	3.	*Enseñanza*: “El primer conflicto”	79
10	4.	*Enseñanza*: “El ciclo de cariño-enojo”	80
		Un gráfico: “Tres posibles decisiones”	81
		Un gráfico: “El ciclo de cariño enojo”	82
10	5.	*Enseñanza*: “Métodos inadecuados para procesar el enojo”	83
2	6.	Ejercicio: “10 y 10: Cuando me enojo”	85
		(Ejercicio Nº 9, Etapa III)	
20		(A) pensar individualmente y luego compartir entre cónyuges	
10		(B) compartir con el grupo entero	
15	7.	*Enseñanza*: “Cómo procesar el enojo y resolver el desacuerdo”	86
		(Ejercicio Nº 10, Etapa III)	
		(A) Procesar el Enojo	86
		(1) Antes del conflicto o entre conflictos	
		(2) En el momento del conflicto	
15		(B) Resolver el Desacuerdo	88
		(Ejercicio Nº 11, Etapa III)	
		(1) Considerar las cuatro opciones de resolución	
		(2) Hacer un pacto para el uso creativo del conflicto	
5	8.	Escribir preguntas sobre la sexualidad para conversar en la Sesión IV	89
10	9.	Círculo de oración y despedida	89

Se sugiere que se preparen de antemano y que se tengan ya colgados en la sala de reunión los siguientes afiches (carteles, posters, carteleras, láminas) de papel mantequilla (sábana, manteca, molde, afiche, tirro) con los puntos clave de:

1. Bosquejo para Sesión III
2. Jesús y las mujeres
3. El enojo y principios bíblicos
4. El ciclo de cariño-enojo
5. Tres posibles decisiones
6. Métodos inadecuados para procesar el enojo
7. Procesar el enojo
8. Resolver el desacuerdo

Se sugiere también que se preparen:

1. Palomitas de maíz (pipoca, pororó, cabritas, crispetas, canchita, cotufa, maíz pira), tostados, pasas o galletitas saladas para un ejercicio.
2. Papelitos para escribir preguntas sobre la sexualidad.

SESIÓN III

♥♪♥

ETAPA III: APRENDER Y USAR NUEVOS CONOCIMIENTOS Y HABILIDADES QUE NOS LLEVEN AL CRECIMIENTO CONYUGAL POSITIVO: *LA BUENA COMUNICACIÓN* (continuación)

1. **CANTOS DE ALABANZA Y ORACIÓN** (optativo)

"Pongámonos de pie para cantar________________________."

Compartir preocupaciones y motivos de alegría
"¿Hay preocupaciones o motivos de alegría que quieren compartir?"

Bosquejo para la sesión
"El bosquejo para la sesión es el siguiente..."

La pareja facilitadora puede avisar al grupo que al final de la sesión habrá oportunidad para hacer preguntas escritas sobre la relación sexual y quizás puedan estar pensando en las preguntas que quieren proponer.

2. *ENSEÑANZA:* **"JESÚS Y LAS MUJERES"**

"En esta sesión continuaremos nuestro estudio de la comunicación matrimonial al considerar el ejemplo de Jesús. Pues, como discípulos suyos, queremos vivir siempre y solamente según su ejemplo y sus enseñanzas, porque de Él aprendemos quiénes somos como hombres y mujeres y cómo debemos relacionarnos y comunicarnos en nuestra relación matrimonial.

"Pero primeramente, como trasfondo para el estudio,[1] queremos preguntar: '¿Cómo se relacionaron los hombres y las mujeres en el mundo en que Jesús vivió?' **Jesús** tuvo que enfrentarse con muchos conceptos de su día que se opusieron a los valores del reino de Dios. Uno de ellos tenían que ver con la **mujer**: su identidad, su papel. Existían prejuicios muy duros de cambiar.

"Por ejemplo, los filósofos griegos pensaron que la mujer es 'un hombre mal formado' y por eso, menos que un ser humano. Los hombres griegos se casaban para legalizar a sus hijos. La esposa era mantenida aislada, mientras el esposo tenía sus amantes y concubinas. Los hombres también solían patrocinar los templos, aprovechándose de las prostitutas sagradas. La mujer tenía los derechos de un esclavo y fue considerada un bien personal del hombre.

---

1. Damos gracias a David Mace, William Barclay y David Joel Hamilton por la información recibida de sus escritos que nos ayudaron a desarrollar el trasfondo histórico de esta enseñanza.

"En cuanto a los **romanos**, mientras Jesús anduvo por la tierra y durante los primeros siglos de la iglesia cristiana, en Italia, el centro del Imperio Romano, había veintiún millones de esclavos, tres por cada persona libre. La vida de los esclavos y de las mujeres se valoraba poquísimo. No se les permitía a los esclavos casarse, y entre los 'libres' el matrimonio era poco valorado. La ley requería que los hombres se casaran, pero cambiaban de esposas frecuentemente.

"A pesar de que en teoría los hombres **hebreos** valoraban el matrimonio y aborrecían el divorcio, consideraban a las mujeres muy inferiores a los hombres, y en esta contradicción tropezaron. Pues, según la enseñanza de algunos rabinos, la mujer era 'cosa' y no persona, con mínimos derechos legales, totalmente sujeta a su padre o esposo:

1. "Culpaban a toda mujer por la caída del hombre. Así que ella podía compensar por ese pecado solamente al dar a luz a otros hombrecitos. Por eso, no tener hijos era para la mujer una tragedia horrible.

2. "En verdad, las mujeres no se contaban entre los 'judíos'. En el templo de Herodes (contrario al tabernáculo y el templo construido por Salomón y reconstruido por Zorobabel), las mujeres tenían que quedarse afuera, en un patio aparte, reservado para ellas. Se cree que en la sinagoga sucedía lo mismo.

3. "Se acuerdan de que los hombres trajeron a Jesús a la mujer sorprendida en el acto de adulterio para apedrearla (Juan 8:1-11). Aunque la ley levítica prescribía el mismo trato para ambos partidos (Levítico 20:10), los líderes religiosos de los tiempos de Jesús empleaban un criterio doble. Para ellos sólo ella fue considerada culpable. ¡El hombre, no!

4. "Había poca seguridad social y económica para la mujer. El hombre podía divorciarse en un momento, renunciando a ella en la presencia de dos testigos y mandándola fuera. La mujer no tenía igual derecho.

5. "Una de las advertencias rabínicas fue: 'El que habla mucho con mujeres multiplica el mal para sí y descuida el estudio de la ley y terminará heredando Gehenna (el infierno).'[1] Cada mañana el hombre judío oraba de esta manera: 'Alabado sea Dios pues no me creó un gentil; alabado sea Dios pues no me creó una mujer, alabado sea Dios pues no me creó un idiota.[2]

"**Jesús cambió todo esto**, revelándonos el corazón del Padre y los valores de su reino. Jesús definió para siempre la identidad de las personas, sus relaciones, sus papeles.

1. **"Jesús fue revolucionario en su vida:** por la manera en que Él se relacionó con todos los desechados y oprimidos: con mujeres, pobres, gentiles, y niños.

2. **"Jesús fue revolucionario en su enseñanza:** Él vio a toda persona, hombre o mujer, esclavo o libre, rico o pobre, judío o gentil, como igual y preciosa, todas creadas en amor por Su Padre.

---

1. Traducción nuestra de Mishnah Avot 1:5.

2. Traducción nuestra de Tosefta Berakot 7:8. Hay pasajes paralelos en el Talmud Palestino Berakot 13b y el Talmud Babilónico Menakot 43b.

"Los que dominaron en la sociedad de Su día, lo odiaron y lo rechazaron. No podían creer que toda persona es preciosa, de igual valor. ¡Esa fue la razón existencial porque mataron a Jesús!

"Aun hoy día buscamos comprender el impacto radical de su vida y sus enseñanzas. Por eso, les invitamos a pensar juntos brevemente en los evangelios y lo que nos dicen acerca de Jesús y uno de esos grupos de oprimidos, **las mujeres**. Por ejemplo:

"Los evangelios nos hablan de la joven **María** y la anciana, **Elisabet**. El ángel tuvo el mismo mensaje para ambas y para toda mujer: '¡El Señor es contigo!' (Lucas 1:28).

"¡Valía la pena salvar a **la hija de Jairo**, una mujercita! Con qué ternura el gran Médico le habrá dicho, 'Muchacha, levántate' (Lucas 8:54).

"Y **la mujer con flujo de sangre**: ¡Qué fe tenía! ¡Cuán osada era! Era contra la ley asociarse con otros. Fue considerada impura, intocable por su enfermedad. ¡Pero ella tuvo el valor de buscar la sanidad, y Jesús la sanó con Su bendición! (Lucas 8:40-56).

"Nos acordamos de la relación que Jesús tuvo con su propia **madre**. La honró y premió su confianza en las bodas de Caná. Y en la hora de su crucifixión la entregó a Juan para cuidarla (Juan 19:27).

"Jesús se mostró muy sensible a toda mujer, y las confirmaba en su búsqueda y en su autoafirmación. Yo creo que fue con una sonrisa interior que Jesús puso a prueba a **la mujer griega**, sirofenicia de nación, quien se postró a sus pies, rogándole que echase fuera de su hija al demonio. Creo que fue con deleite que el Señor le dijo: '¡Mujer, grande es tu fe! ¡Hágase contigo como quieres!' (Mateo 15:21-28).

"Creo que fue con admiración y gozo que Jesús señaló a **la viuda pobre**, diciendo: 'De cierto os digo que esta viuda pobre echó más que todos los que han echado en el arca; porque ... de su pobreza echó todo lo que tenía, todo su sustento' (Marcos 12:41-44).

"Creo que sus palabras a **Marta** y **María** en cierta ocasión fueron no solamente permiso, sino una invitación a toda mujer para explorar, aprender, descubrir, crecer: 'Marta, Marta, afanada y turbada estás con muchas cosas. Pero sólo una cosa es necesaria; y María ha escogido la buena parte, la cual no le será quitada' (Lucas 10:38-42).

"El relato de **la mujer sorprendida en adulterio** no se encuentra en los manuscritos más tempranos del Evangelio según San Juan. Sin embargo, los eruditos bíblicos creen que es un relato auténtico de Jesús. Para muchos hombres de su día probablemente fue demasiado revolucionario y amenazante. Sin embargo, esta historia fue circulada por la iglesia misma y finalmente fue incluida en la forma final del evangelio. Jesús no juzgó a una mujer adúltera, sino llamó a todos, hombres y mujeres, a una vida nueva. Con gran compasión Jesús dijo a la mujer: 'Ni yo te condeno; vete, y no peques más' (Juan 8:1-11).

"Creo que fue con mucha intención que Jesús escogió a **una mujer extranjera**, una que había sido esposa de cinco hombres, y ya vivía con otro que no era su esposo, una mujer despreciada, rechazada, humillada, y sedienta, para involucrarla en una conversación filosófica y teológica, y finalmente revelarse a ella como el Mesías, el Salvador del mundo. Evidentemente Jesús vio en ella mucho potencial, porque el primer 'Yo soy' del evangelio fue revelado a esta mujer samaritana. Fue el deseo de Jesús darle el agua viva. Ella bebió y fue **la primera misionera cristiana a su propia nación**. A través de su testimonio muchos samaritanos llegaron a creer en Jesús (Juan 4:1-42).

"Fue a **Marta**, **la mujer típica** quien cumplía fielmente su papel de ama de casa, a quien Jesús habló: 'Yo soy la resurrección y la vida' (Juan 11:25), como si estuviera diciendo: 'Marta, te amo; no seas esclava de la cocina. Eres mucho más. Cree en mí. Toma tiempo para aprender de mí. Desarróllate. Sé todo lo que puedes ser.'

"Un día una mujer de entre la multitud le dijo a Jesús: 'Bienaventurado el vientre que te trajo, y los senos que mamaste' (Lucas 11:27). Decía esto porque la mujer no era valorada por sí misma, sino por el fruto de su vientre. Sabiendo esto, Jesús les dio a hombres y a mujeres el mismo estatus delante de Dios al declarar: 'Antes bienaventurados los que oyen la palabra de Dios, y la guardan' (Lucas 11:28). En ese momento Jesús, como Hijo de Dios, reveló que hay una sola base para tener relación con Dios, la misma para todos. Es decir, los que oyen y practican la palabra de Dios, sin importar su sexo, son los bendecidos. ¡Esto fue y es radicalmente nuevo!

"En su evangelio Lucas nos cuenta que 'Jesús iba por todas las ciudades y aldeas, predicando y anunciando el evangelio del reino de Dios, y los doce con él, y algunas mujeres que habían sido sanadas de espíritus malos y de enfermedades: María, que se llamaba Magdalena... Juana, mujer de Chuza intendente de Herodes, y Susana, y **otras muchas** que le servían de sus bienes' (Lucas 8:1-3, énfasis nuestro).

"Cuando Jesús fue crucificado '**las mujeres que le habían seguido desde Galilea**, estaban lejos mirando estas cosas' (Lucas 23:49, énfasis nuestro). Cuando lo sepultaron estas mismas 'mujeres que habían venido con él desde Galilea ... vieron el sepulcro, y como fue puesto su cuerpo. Y vueltas, prepararon especias aromáticas y ungüentos' (Lucas 23:55-56)... 'El primer día de la semana, muy de mañana, vinieron al sepulcro... Y algunas otras mujeres con ellas' (Lucas 24:1). El hecho de que discípulas femeninas acompañaron y cuidaron de Jesús fue revolucionario, incluso escandaloso, porque las reglas culturales de su época desaprobaban la conversación pública entre un hombre y una mujer, a tal grado que prohibieron la conversación pública de un rabino con una mujer, aun con su propia esposa.[1] Pero estas mujeres discipuladas asistían a la universidad de Jesús todos los días de su ministerio. ¡Con razón estuvieron preparadas para participar en el liderazgo de la nueva Iglesia!

"Fue primeramente a una mujer que el Cristo resucitado se reveló el primer día de la semana. ¡Qué preciosa la escena! **María Magdalena** estaba afuera, llorando junto al sepulcro, cuando una voz detrás de ella le preguntó: '¿Mujer, por qué lloras? ¿A quién buscas?' Ella, pensando que era el hortelano, le dijo: 'Señor, si tú lo has llevado, dime dónde lo has puesto, y yo lo llevaré.' Jesús le dijo: '¡María!' (Juan 20:15,16). ¡Nadie más hablaba su nombre como él! Su corazón saltó de gozo. '¡Raboni!', respondió. Luego Jesús mandó a María dar a los discípulos las nuevas de la resurrección. ¡Una mujer fue la primera persona en encontrarse con el Señor resucitado! ¡**La primera evangelista** después de la resurrección fue una mujer nombrada por el Señor mismo para compartir las buenas nuevas! Eso parecía de veras revolucionario a los hombres, pero reveló el intento original de Dios al crear a hombres y mujeres como compañeros iguales, destinados a vivir para la gloria de Dios.

"**Pablo** captó cuán revolucionario fue Jesús cuando escribió a los Gálatas: 'Ya no hay judío ni griego; no hay esclavo ni libre; no hay varón ni mujer; porque todos vosotros sois uno en Cristo

1. "No hables mucho con mujeres. Dijeron esto en relación con la esposa de uno, ¡cuanto más con la esposa de otro!" Traducción nuestra de Mishnah Avot 1:5.

Jesús' (Gálatas 3:28). ¡Pablo, en el Espíritu de Jesús, tomó la oración negativa de los hombres judíos y la transformó totalmente!

"**Toda cultura** de hoy día, tanto como las culturas del tiempo de Jesús tienen sus conceptos de lo que debe ser el papel del hombre y el de la mujer en la relación matrimonial. Algunos son buenos, pero todos tienen que ser examinados en la luz de la vida y la enseñanza de Jesús, porque **los valores del reino de Dios** siguen siendo radicalmente diferentes de los valores del mundo. 'Lo que los hombres tienen por sublime, delante de Dios es abominación' (Lucas 16:15). Por ejemplo: Aunque algunas culturas aceptan como normativa una relación en la cual el esposo abusa de la mujer y requiere de ella una sumisa fidelidad a pesar de esta injusticia, el cristiano en esa cultura tiene que defender los valores del reino de Dios y ser agente de transformación en su cultura.

"**Dios quiere librarnos** de todos aquellos valores mundanos para que sencillamente podamos ser humanos, compañeros conyugales íntimos, caminando codo a codo, creciendo en el amor del Señor, creciendo en el amor el uno para con el otro. Pues Jesucristo puso el **amor mutuo** que incluye la **sumisión mutua** como **el valor supremo** en la relación matrimonial, lo mismo que en toda relación humana.

"Si podemos aceptarnos así, según el modelo y la enseñanza de Jesús, nuestro **amor conyugal** se profundizará cada día más y llegaremos a conocer el amor de nuestro cónyuge y el amor de Dios en todas sus maravillosas dimensiones. Esto es **el llamado de Cristo: ser compañeros conyugales íntimos hasta que la muerte nos separe**. Por eso, en el Espíritu de Jesús, **el enfoque de los talleres de Enriquecimiento Matrimonial** es tratar de llegar a tener un matrimonio en el cual ambas personas encuentren el máximo desarrollo y realización en sus vidas, amándose, respetándose, sirviéndose, dando su vida cada uno por el otro, en tal forma que mutuamente se ayuden a llegar a ser todo lo que Dios les creó para ser, los dos reflejando en mente, alma, cuerpo y vida, la gloria de Dios... compañeros conyugales íntimos en la vida".

3. **EJERCICIO: "¿DE VERAS NOS CONOCEMOS?"**
(Ejercicio Nº 6, Etapa III)
"Propósito: Conocernos mejor."

Forma escrita:
"A veces creemos conocernos más de lo que en realidad nos conocemos. Si no nos conocemos, es imposible comprendernos. A través de la buena comunicación podemos conocernos y comprendernos mejor. Aquí tienen una serie de 7 preguntas. Por favor, lean y contesten las primeras 5 preguntas ahora.

(A) "Prepararse individualmente, comenzando cada oración con 'Yo pienso...' o 'Yo creo...'"

(B) "Compartir entre cónyuges, frente a frente, alternando oraciones con el propósito de comunicarse mutuamente lo que cada uno siente y escucharse atentamente para entender lo que el compañero o la compañera experimenta. Comienza tu respuesta con 'Yo creo que tu mayor preocupación es...' Luego, el cónyuge puede responder: 'Sí, tienes razón...', o 'En parte tienes razón...', o 'No, mi mayor preocupación es...' Luego de compartir juntos sus respuestas, contesten las preguntas 6 y 7 individualmente, y comparten estas respuestas, también." Al completar el tiempo disponible, decir "Cuando estén listos, les invito a regresar al círculo."

(C) Compartir con el grupo entero: Invitar a algunos voluntarios a compartir con el grupo entero sus respuestas a las preguntas 6 y 7.

Forma oral:
"A veces creemos conocernos más de lo que en realidad nos conocemos. Este ejercicio nos brinda la oportunidad para conocernos mejor. Si no nos conocemos, es imposible comprendernos. A través de la buena comunicación podemos conocernos y comprendernos mejor. Les voy a leer una serie de 7 preguntas. Mientras las leo, cierra tus ojos y piensa. Luego, ábrelos y conversa con tu cónyuge. En este ejercicio, invitamos a la mujer a hablar primero en las preguntas impares.

1. ¿Cuál es la mayor preocupación de tu cónyuge actualmente? Comienza tu respuesta con 'Yo creo que tu mayor preocupación es...' Luego, el cónyuge puede responder: 'Sí, tienes razón...', o 'En parte tienes razón...', o 'No, mi mayor preocupación es...'
2. ¿Cuál es la necesidad no material más grande de tu cónyuge?
3. ¿Cuál es el sueño dorado de tu cónyuge?
4. ¿Cuáles son las quejas más frecuentes de tu cónyuge?
5. ¿Qué área nueva de la vida le gustaría a tu cónyuge desarrollar?
6. Preguntarse a sí mismo: ¿Cómo puedo yo apoyar a mi cónyuge más en por lo menos una de estas cinco áreas?
7. Preguntarse a sí mismo: ¿Qué puedo hacer yo, para valorarlo más en nuestra relación matrimonial?"

Pareja facilitadora: Terminar este ejercicio invitando a algunos voluntarios a compartir con el grupo entero sus respuestas a las preguntas 6 y 7.

4. **ENSEÑANZA: "EL CICLO DE LA COMUNICACIÓN: SEGUIMIENTO CON UN PLAN DE ACCIÓN"[1]**

"Ahora damos un paso más, un paso esencial para asegurar el empleo exitoso del Ciclo de la Comunicación."
(Repartir Ejercicio Nº 7, Etapa III)

"Para alcanzar la mayor eficacia en la función del Ciclo de la Comunicación es aconsejable que la pareja lleve a cabo un **plan de seguimiento**, o sea un 'Plan de acción' por medio del cual pueden evaluar su propia ejecución de decisiones acordadas. Si la pareja está explorando algún tema y llegan a acuerdos importantes, se sugiere que anoten esas decisiones en seguida en el formato 'Plan de acción' para no perderlas.

"El propósito de este formato 'Plan de Acción' es que en él se plantee:

(a) El tema tratado y la fecha en que se trató

(b) Los acuerdos logrados por la pareja

1. Este Plan de acción fue creado por Gregorio y Marlene López, pareja instrutora, Bogotá, Colombia.

(c) El compromiso adquirido, ya sea por uno o ambos cónyuges, indicando:
¿Qué se acordó hacer?
¿Cómo piensa o se compromete a cumplir con lo acordado?
¿Dónde va a cumplir con lo acordado?
¿Cuándo piensan cumplir lo acordado?
¿Cuál de los cónyuges debe cumplir con esa parte del acuerdo? ¿Con quién?
¿Con qué recursos se llevará a cabo?

(d) Fecha de seguimiento

(e) Firma de los cónyuges

"Hemos considerado que este formato va a facilitar tanto la definición en forma concreta de los compromisos adquiridos por la pareja, como el seguimiento y evaluación para establecer el grado de cumplimiento de dichos compromisos.

"Es recomendable que cada uno de los cónyuges revise en forma periódica este plan de acción, lo cual le ayudará a recordar sus compromisos oportunamente para evitar así futuros nuevos conflictos.

"La experiencia ha mostrado que cuando se dejan por escrito los acuerdos, existe un compromiso mayor, y se evitan futuros malentendidos. Luego de acordar un plan de acción, se corre el riesgo de que si éstos no han quedado por escrito:

» No se cumplan o se cumplan parcialmente

» Se pasen por alto aspectos acordados de suma importancia

» Se afirme posteriormente que no se había asumido el compromiso exigido

» Se desaliente la pareja al pensar que 'no son capaces de edificarse a través de la comunicación'

"Cabe anotar que en algunas oportunidades existe la posibilidad de que lo acordado por la pareja no se puede cumplir, por lo tanto es de suma importancia que el cónyuge que observe que un compromiso que había asumido inicialmente lo puede reemplazar por uno más efectivo, invite al otro cónyuge a iniciar nuevamente el Ciclo de la Comunicación para plantear la necesidad de revisar el plan, procurando que sean razones de fuerza mayor las que motiven un posible cambio y respetando el criterio del otro.

"Asimismo, en las fechas acordadas para el seguimiento de los acuerdos logrados, existe una nueva oportunidad de que la pareja continúe ejercitando el Ciclo de la Comunicación, siendo el tema que se debe tratar, el seguimiento del compromiso acordado."

5. EJERCICIO: "PREPARAR UN PLAN DE ACCIÓN"

(Usar Ejercicio Nº 7, Etapa III)
Propósito: Practicar el uso del Plan de acción.

"Tendrán unos 15 minutos para comenzar a crear su primer plan de acción. Posibles temas para tratar son: el presupuesto familiar, ahorros, el pago de deudas, planes para vacaciones, la celebración de nuestro próximo aniversario de bodas. Sugiero que primero cada uno por separado anote sus ideas en una hoja de papel. Después pueden conversar y poner por escrito las ideas de ambos en el ejercicio Plan de Acción que les alcanzamos."

(A) Preparar individualmene.

(B) Compartir entre cónyuges.

(C) Compartir con el grupo entero. Usar la frase: "Yo descubrí acerca de mí mismo..." Terminar diciendo: "¿Qué les parece este nuevo instrumento? ¿Les gustaría continuar su uso en casa?"

6. ***ENSEÑANZA:* "PUENTES PARA LA COMUNICACIÓN EFICAZ"**
(Ejercicio Nº 8, Etapa III)
"Propósito: Crear puentes de comunicación.

"Hasta el momento a través de enseñanzas y ejercicios hemos estudiado cómo podemos estar más conscientes de nuestro 'yo' y comunicarlo con claridad. También, a través de enseñanzas y ejercicios hemos recibido unas pautas para la conversación conyugal y el uso del **Arco Iris de la Comunicación**. Estos nos ayudan a escuchar al cónyuge, a dialogar en formas más eficaces, y a aumentar la comprensión mutua.

"Ahora, además de las **Pautas para el diálogo conyugal**, queremos compartir unos **Puentes para la comunicación eficaz** que son sencillamente fundados en la **regla de oro** (Mateo 7:12) que dice: 'Así que, todas las cosas que quieras que tu cónyuge haga contigo, así también haz tú con tu cónyuge.'" (Versión APEMAL.)

La pareja facilitadora puede invitar a los hombres a leer en voz alta los puntos impares y a las mujeres a leer los puntos pares.

"Estos puentes son:

1. Escoger una hora y crear un ambiente apropiado para escucharse. Librarse de toda distracción.
2. Prestar atención y escucharse como si el éxito de su familia estuviera en peligro.
3. Apreciar las opiniones y los derechos del otro. En la comunicación humana, puede haber distintos e igualmente válidos puntos de vista.
4. Tratar a cada persona y cada situación como si fueran únicas.
5. Escuchar con el oído interior (el corazón) el mensaje detrás de las palabras.
6. Procurar ver la vida desde la perspectiva del otro.
7. Ser cortés y usar una voz amable.
8. Continuamente ampliar su comprensión del otro.
9. Confiar en el otro y comunicárselo al cónyuge.
10. Aceptar con mente abierta lo que el otro dice, aunque no esté de acuerdo.
11. Estar muy atento y aceptar las emociones positivas y negativas del otro.
12. Edificar y mantener una atmósfera de respeto, no interrumpirse.
13. Ser paciente.
14. No ofrecer al otro consejos no solicitados, ni crítica, sino ayudarle a encontrar sus propias respuestas y soluciones.
15. Aceptar que el otro tiene pensamientos y sentimientos privados.
16. No es aconsejable decir todo lo que uno piensa. Hay que escoger qué decir y buscar maneras edificantes para expresarse.

17. Antes de expresar un mensaje negativo, pregúntate cuatro cosas: '¿Es verdad?', '¿Es la hora propicia?', '¿Es de utilidad provechosa?', '¿Enriquece nuestra relación?' Si la respuesta a cualquiera de estas preguntas es 'no', es mejor no decirlo.[1]
18. Expresar y adueñarse de sus percepciones, reflexiones, valores, sentimientos, expectativas, necesidades, deseos, intenciones y acciones, enviando mensajes que comiencen con 'yo'.
19. Evitar el uso de las palabras 'siempre' y 'nunca', cuando se trata de una exageración.
20. Evitar el uso de 'por qué' cuando se trata de justificar reacciones y emociones. 'Por qué' se usa sólo para conseguir más datos acerca de algo, y jamás para culpar. Sería preferible preguntar '¿Qué ocurrió?'
21. Aprender del pasado, pero concentrar su comunicación mayormente en el presente y el futuro."

7. **EJERCICIO: "COMPARTIR COMO PAREJA"** (con pipocas, palomitas de maíz, cabritas, pororó, maíz pira, cotufa, maní, pasas, o galletitas)
"Propósito: Practicar la comunicación. Éste será su examen final."

(A) Hacer que las parejas se coloquen frente a frente. Animarlas a practicar los principios de la buena comunicación.

Luego decir: "Ahora, el ejercicio se hace así: Todos cierren los ojos. Yo leeré una frase inconclusa a la vez. Con los ojos cerrados, piensen en cómo quieren completar la frase. Luego, abran sus ojos y contesten por turnos. Los hombres responden primero a las frases impares que serán leídas por el hombre de la pareja facilitadora, y las mujeres responden primero a las frases pares que serán leídas por la mujer de la pareja facilitadora. Pero los dos responden a cada frase. Cuando ambos han contestado, pueden premiarse el uno al otro, ofreciendo al cónyuge unas pipocas (palomitas de maíz, cabritas, maní, pasas, o galletitas). ¿Listos?"

Indicaciones:

1. Darles tiempo suficiente para platicar, pero cuando la mayoría de las parejas terminen de hablar, pasar a la siguiente frase indicando que ellos pueden continuar en otro momento con el tema.
2. Darles palomitas de maíz o algo semejante que pueden ofrecer a su pareja como premio cuando los dos hayan contestado la frase rompe la tensión y sirve para saber cuándo terminan con cada etapa de la tarea.

Lista de frases para compartir en pareja:

1. En nuestro matrimonio/relación me siento más feliz cuando...
2. En nuestro matrimonio/relación me siento más triste cuando...
3. En nuestro matrimonio/relación me siento más enojado cuando...
4. Lo mejor de nuestro matrimonio/relación es...
5. Me siento más ansioso o temeroso cuando...
6. Me siento amado cuando...
7. Me siento apreciado por las cosas que hago cuando...

---

1. Genie & Preston Dyer and Bobbye & Britton Wood, "Communicating for Understanding": A.C.M.E., página 2, Nº 9.

8. Una preocupación que tengo en cuanto a nuestro matrimonio/relación es...
9. Lo que más me gusta de ti es...
10. Me es más difícil compartir contigo los sentimientos de...
11. Me es más fácil compartir contigo los sentimientos de...
12. En este momento me siento...

(B) Cumplir el ejercicio entre parejas, luego invitar a individuos a compartir con todo el grupo lo que aprendieron de la experiencia. Usar las frases:
"Yo descubrí acerca de mí mismo..." "Yo descubrí acerca de mi cónyuge..."

DESCANSO
(Darse masajes en la espalda)

ETAPA III: APRENDER Y USAR NUEVOS CONOCIMIENTOS Y HABILIDADES QUE NOS LLEVEN AL CRECIMIENTO CONYUGAL POSITIVO: *EL USO CREATIVO DEL CONFLICTO*

1. *ENSEÑANZA:* "EL ENOJO Y PRINCIPIOS BÍBLICOS"

Invitar al grupo a repetir las primeras tres oraciones. "El **conflicto es normal**, pues somos todos diferentes. El **enojo es normal**, pues es un don de Dios. **Lo que hacemos** con el conflicto, **lo que hacemos** con el enojo, **eso es bueno o malo**. El abuso de cualquier índole no es aceptable de ninguna manera en el matrimonio. Por eso, fijémonos en la palabra de Dios y en nuestro Señor Jesús, quien conocía el conflicto y el enojo, para ayudarnos a usar éstos en forma creativa.

"Aquí hay unos principios bíblicos sobre el uso creativo del conflicto que nos pueden guiar. (Invita la participación del grupo. Después de la lectura de cada pasaje bíblico la pareja facilitadora puede preguntar: '¿**Qué dice**?' Recuerden hablar de lo que dice el pasaje y de experiencias propias, y no de opiniones o teorías.):

a. Proverbios 15:1 - 'la blanda respuesta quita la ira'
La sabiduría que viene a través de larga experiencia.
b. Santiago 5:9 - 'no os quejéis unos contra otros'
Hablar de nuestro 'yo' y no de 'tú' en forma acusatoria. A veces se oye a un hombre o una mujer quejarse de su cónyuge a una tercera persona. Si hay insatisfacción o conflicto entre esposos, ¿con quién debían los cónyuges conversar primero?...Sí, con su cónyuge. Hay una excepción: Si existe abuso de cualquier índole la persona abusada debe buscar ayuda profesional.
c. Efesios 4:25-27 - 'Airaos, pero no pequéis: no se ponga el sol sobre vuestro enojo'
Funciona muy bien. Es muy importante nunca irse a dormir sin antes reconciliarse. Sin embargo la experiencia nos ha enseñado que podemos dormir mucho antes si también empleamos los principios preventivos para el uso creativo del conflicto que pronto vamos a estudiar.
d. Mateo 5:39-41 - 'no resistais al que es malo'
Quizás esta clase de enemigo no esté dispuesto a escucharte. Tampoco le interese una mejor relación contigo. En tal caso, la mejor reacción será 'no resistir'.

e. Mateo 18:15-17 - 'si tu hermano peca contra ti'
   Has de ser diferente con tu hermano. Con él/ella se puede usar el Ciclo de la Comunicación y también emplear los principios preventivos para el uso creativo del conflicto.
f. Mateo 6:14-15 - 'perdónense, para que el Padre les perdone'
   El perdón es indispensable en toda relación, un acto de la voluntad.
g. Mateo 18:21-22 - '70 x 7'
   Nuestro Padre celestial no pone límite al perdón que él nos concede. Tampoco nosotros debemos limitar el perdón que ofrecemos al cónyuge. Es el deseo del Padre que en el matrimonio el perdón vaya sanando las heridas.
h. Mateo 5:23-24 - 'deja tu ofrenda... reconcíliate... entonces ven'
   El perdón y la reconciliación son tan importantes para el Señor que él manda que los pongamos en primera prioridad antes de ir al culto. En Lucas 10 Jesús nos cuenta la parábola del Buen Samaritano. El sacerdote y el levita quizás pensando en algún acto religioso que debían realizar, dejan a la persona herida al borde del camino sin ayuda, sin auxilio. ¿Alguna vez hemos dejado a nuestro cónyuge sangrando en casa para ir a 'ministrar' en la iglesia u otra parte?
i. Lucas 6:27-28 - 'amad al enemigo... haced bien... bendecid... orad'
   Aun cuando estemos en conflicto y de repente el cónyuge amado se convierte en nuestro adversario, Jesús nos manda amarle, hacerle bien, bendecirle, orar por él. No hay escape.
j. Romanos 12:2 - 'no os conforméis, sino transformaos'
   ¡Ojalá que a través de la renovación de nuestro entendimiento al practicar las enseñanzas y los principios preventivos aprendidos en el taller, todos podamos ser transformados más y más!"

2. EJERCICIO: "EL USO DE PRINCIPIOS BÍBLICOS: EL USO CREATIVO DEL CONFLICTO"

"Propósito: Aplicación de la enseñanza.

"Ahora, pongamos las citas bíblicas en práctica. Les invitamos a sentarse frente a frente y tomarse un momento para pensar en una de estas enseñanzas bíblicas que ustedes quisieran emplear más en su relación matrimonial. Luego, usando oraciones que comienzan con 'yo', conversen entre cónyuges."

(A) Preparar individualmente. Cada persona reflexiona sobre los pasajes bíblicos en el afiche y escoje uno que quiere emplear más en su relación conyugal.

(B) Compartir entre cónyuges.

(C) Compartir con el grupo entero: "Un pasaje que yo quiero emplear más es..."

Terminar diciendo: "Aprecio mucho los pensamientos y sentimientos que han compartido."

3. *ENSEÑANZA:* "EL PRIMER CONFLICTO"

Aquí la **pareja facilitadora** puede sustituir su primer conflicto.

"¿Se acuerdan cuando tuvieron su primer conflicto después de casarse? Había una pareja joven, estudiantes, que se enamoraron y se casaron. Vivían en un cuarto pequeño. Durante la semana comían con otros estudiantes en un comedor del seminario de teología. Los fines de semana cocinaban y comían en su cuartito. Apenas les servía un pequeño aparato eléctrico que usaban en un rincón oscuro del cuarto. Los domingos por la noche solían preparar y comer palomitas de maíz (pipocas, cabritas, cotufa, pororó, crispetas) para su cena.

"Una noche, la esposa preparó las palomitas de maíz, las alcanzó al esposo, él tomó un bocado de las palomitas y dijo con disgusto: '¿Qué hiciste con las palomitas? Están muy saladas.'

'¿De veras? Lo siento mucho.'

'¿Por qué pusiste tanta sal?'

'No sé ... quizás en la oscuridad...'

'¡Es terrible! No se pueden comer.'

'¿Qué quieres que haga?'

'¡Que no pongas tanta sal! Están arruinadas las palomitas de maíz.'

"La joven esposa, llorando, fue al ropero, sacó su abrigo y sus botas, pues había nieve profunda afuera, se sentó en el piso y comenzó a vestirse para salir de la casa. El esposo le dijo: '¿A dónde vas? ¿Para qué estás poniéndote el abrigo?'

'¡Tú quieres comer unas buenas palomitas de maíz, y yo voy a salir a comprarte palomitas!'

'No vas a salir ahora. Está oscuro y hace mucho frío.'

'No importa. Te voy a comprar palomitas buenas. ¡Yo sé que quieres palomitas de maíz!'

"El joven esposo también se echó a llorar y abrazando a su esposa, dijo: '¡Yo no quiero palomitas! ¡Te quiero a ti!'"

4. ***ENSEÑANZA:* "EL CICLO DE CARIÑO-ENOJO"**[1]

"Así es la vida. ¿Algunos de ustedes han experimentado un conflicto matrimonial? El conflicto es normal. En este estudio usamos 'conflicto' como palabra genérica para describir cualquier diferencia entre dos personas. El afiche 'El Ciclo de Cariño-Enojo' ilustra lo que pueda ocurrir en el matrimonio. Noten las palabras arriba: diferencias, desacuerdos, discusión. Las palabras abajo dicen atracción, más cerca, más cerca. Entre las líneas convergentes se indica espacio y menos espacio. Las palabras clave horizontales al medio del Ciclo indican la búsqueda de equilibrio entre la 'individualidad' y la 'intimidad y unidad'. Este movimiento en ambas direcciones se indica por las flechas.

1. Empleamos "cariño-enojo" en vez de "amor-enojo", la frase original de lo esposos Mace, porque consideramos que el cariño y el enojo son emociones pasajeras, mas el amor es una decisión, un compromiso permanente, perdurable, inmudable, innegociable que sostiene la relación durante momentos de cariño y enojo.

1. "Juan y María se enamoran y quieren acercarse. Ellos desean experimentar una mayor intimidad y a la vez mantener su identidad propia. Durante el noviazgo sus diferencias tienden a ser reprimidas por el gozo que los dos sienten por compartir la nueva intimidad.

2. "Cuando se casen, a pesar de que pueden haber experiencias momentáneas interpersonales, físicas y espirituales, durante las cuales los dos se sienten muy unidos, el matrimonio nunca puede ser la unión total de dos personas. Las diferencias son inevitables. Tarde o temprano vienen los choques. Cuanto más se busca la intimidad, más posibilidad hay de conflicto. Esto se ilustra en el afiche (cartelera, gráfico).

3. "Cuando Juan y María se acercan en la relación conyugal, el espacio de cada uno se restringe. Por ejemplo, ya comparten el mismo dormitorio, la misma cocina y mesa, el mismo baño, la misma crema dental, etc. No importa cuánto se aman, cuando una pareja busca mayor intimidad, cada uno frustra algunos de los deseos del otro.

4. "A veces se apodera de uno el enojo, haciendo que el desacuerdo suba de temperatura y se convierta en discusión (sin perder el control). Sin embargo, el desacuerdo no tiene que llegar a una discusión. Las flechas que van hacia atrás y hacia adelante indican que cualquiera de los dos puede decidir resolver o aumentar el conflicto en cualquier momento del proceso. Si el conflicto no se resuelve, el Ciclo de Cariño-Enojo se repite. El enojo es un hecho de la vida.

5. "Ustedes verán que hay tres posibles decisiones frente a una situación conflictiva." Señalar el afiche "Tres posibles decisiones" para ilustrarlas.

   (a) "**Dominación**
   La primera posible decisión es: Un cónyuge es el dominante y el otro es sumiso.

   (b) "**Alejamiento**
   Segundo: Los conflictos no se resuelven, los cónyuges gradualmente se apartan y llegan a estar cada vez menos involucrados el uno con el otro, hasta que la relación queda vacía.

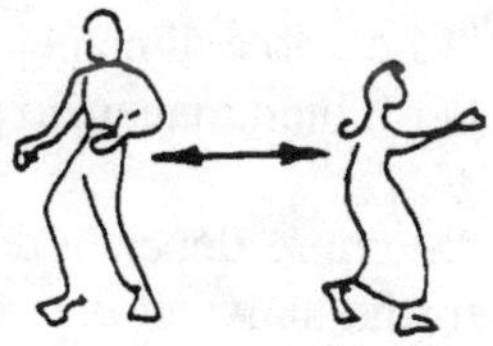

   (c) **"Resolución/Intimidad**
   Hay un tercer tipo de decisión. David Mace dice: **'Si la pareja sólo supiera trabajar con el conflicto en forma creativa hasta resolverlo, ellos fortalecerían su relación. Porque los conflictos en el matrimonio pueden ser los puntos clave del crecimiento, y el uso creativo del conflicto es la llave que abre la puerta de la felicidad duradera.'** Así que, en vez de temer al conflicto, podemos abrazarlo en forma creativa.

El Ciclo de Cariño-Enojo[1]
(La búsqueda de intimidad)

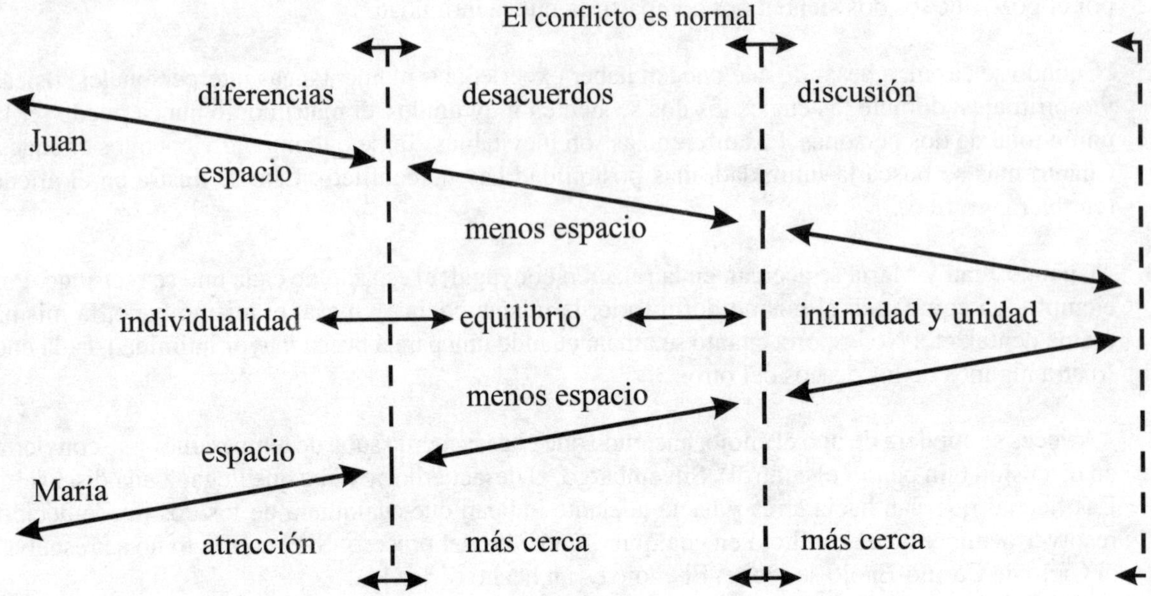

El enojo mal manejado ⟶ la separación por la dominación o el alejamiento

El enojo bien manejado ⟶ mayor intimidad y unidad a la vez que hay mayor respeto de la individualidad

6. "El enojo mal manejado puede separarnos el uno del otro, por la dominación o por el alejamiento. Pero, bien manejado puede conducirnos hacia una intimidad mayor.

7. "Siempre depende de nosotros escoger qué hacer con el enojo. Si no se resuelve el conflicto en forma satisfactoria, una pareja puede comenzar a eludirse mutuamente, dando prioridad a otros intereses o relaciones en vez de a su relación matrimonial. Por ejemplo:

   (a) "El esposo escoge involucrarse en exceso en el trabajo, con los amigos, el estudio o el deporte, ausentándose del hogar; o cultiva más la relación con sus hijos que con su esposa;

   (b) "La esposa escoge dedicarse en exceso a sus actividades o a sus hijos, creando una sobreprotección o una dependencia mutua entre madre e hijos. La relación entre esposos debe tener prioridad a la de padres e hijos.

1. Adaptado de "The Love-Anger Cycle", A.C.M.E., P.O. Box 10596, Winston Salem, NC 27108
Fono: 919-724-1526

8. "Por eso, es importante entender la naturaleza del enojo y su función en nuestra relación matrimonial. **David Mace dice que el enojo es, sencillamente, un mecanismo de defensa del 'yo', un inesperado e involuntario golpe de energía que puede surgir frente a cualquier peligro o dolor (físico o psicológico).**

9. "Se acuerdan de que en el ejercicio 'Compartir nuestros sentimientos' descubrimos que podemos experimentar simultáneamente una variedad de emociones. En la relación de Juan y María, como en todo matrimonio, estas dos emociones operan: el cariño para unirlos más y el enojo para mantener la individualidad.

10. "El enojo les protege de una relación sofocante y una interdependencia insalubre. El equilibrio entre la individualidad y la unidad fluctúa continuamente. Lo importante es que se mantenga el equilibrio y que estas emociones se usen en forma creativa. Así que, en vez de ser opuestas, estas dos emociones, el cariño y el enojo, pueden funcionar en combinación para acrecentar la relación.

11. "Por eso, el Ciclo de Cariño-Enojo en sí no es negativo, sino positivo, porque el enojo protege la individualidad de cada uno de los cónyuges a la vez que el cariño les lleva hacia la unidad y la intimidad. Este vaivén se repite continuamente en la relación matrimonial. Cuanto más se empleen los principios preventivos para el uso creativo del conflicto, menos será la frecuencia y la intensidad de los choques. En este esquema puede haber simultáneamente mayor individualidad y mayor intimidad. Esta es la unidad verdadera.

12. A medida que la pareja aprenda a enfrentar sus conflictos honesta y creativamente, un cálido sentimiento de confianza reemplaza a la aversión repentina que el desacuerdo o el enojo había causado. La pareja descubre que sus desacuerdos ya no les amenazan, porque ellos saben que los pueden manejar y resolver. Así que, ellos pueden continuar estrechando su relación cada vez más.[1]

"Amados, ¿saben cuál es el mejor regalo que podemos dar a nuestros hijos e hijas? El ejemplo de una sana relación matrimonial, en la cual ambos cónyuges se valoran, se respetan y viven para la gloria de Dios, ayudándose mutuamente a ser todo lo que cada uno puede ser, buscando emplear buenos principios de comunicación y el uso creativo del conflicto. Sí, el mejor regalo que podemos darles es **el ejemplo** de una dinámica relación matrimonial, que respeta la individualidad, busca la unidad y cada vez se profundiza más en el amor mutuo."

5. ***ENSEÑANZA:* "MÉTODOS INADECUADOS PARA PROCESAR EL ENOJO"**[2]
Se sugiere que la **pareja facilitadora** elija un tema para dramatizar y así ilustrar los "Cuatro métodos inadecuados". Posibles temas que se pueden desarrollar:
   a. fiestas y fechas importantes
   b. quién lava los platos/compra los víveres
   c. quién lleva las cuentas del hogar
   d. usar o no almohada/cuántas frazadas
   e. cómo usar la pasta dentífrica

---

1. Adaptado y con permiso de David y Vera Mace, *How to Have a Happy Marriage*, Abingdon Press, Nashville, 1977, páginas 106, 117-118.

2. Adaptado y con permiso de A.C.M.E., P.O. Box 10596, Winston-Salem, NC 27108. Fono:919-724-1526.

f. hombres o mujeres desordenados/qué hacer con la ropa sucia
g. quién limpia el baño o asea la casa
h. las llaves
i. conflicto de planes referente a la recreación
j. participación en la iglesia/organizaciones
k. parientes y amistades: tuyas, mías, nuestras

(Invitar al grupo a repetir las primeras tres oraciones frase por frase.)

"**El enojo es una emoción sana y normal**, y como todas las emociones es **un don de Dios**. El enojo en sí no es ni bueno ni malo. Es parte de la vida de todo ser humano. Puede aparecer de repente, a través de alguna provocación inesperada. **Lo que sí es importante, es lo que hacemos con esta emoción**. Hay maneras adecuadas y maneras inadecuadas para manejarlo. Hay maneras apropiadas y maneras inapropiadas para desahogarse. Alguien ha nombrado **cuatro métodos inadecuados** para manejar el enojo. Son (Señalar el afiche "Cuatro métodos inadecuados" y después de nombrar cada método dramatizarlo con un "sketch".*):

(a) **"Negar que uno está enojado***
Me niego a mí mismo y a mi pareja que estoy enojado. La persona enojada puede expresarlo en formas encubiertas e insalubres, por ejemplo: por el silencio, por negar cariño al cónyuge, o por rehusar resolver el desacuerdo. Frecuentemente el enojo no procesado afecta y daña la salud, debido a que no se reconoce y no se resuelve.

(b) "**Alejarse del otro***
Puedo escoger alejarme de mi pareja, elegiendo retirarme física o emocionalmente del otro. Por ejemplo, uno podría ocuparse con algo para no tener que enfrentarse con el cónyuge. Cuando esto se hace, no se procesa el enojo, ni se resuelve el desacuerdo.

(c) **"Estallar o reventar***
Estallar o reventar quiere decir que nos dejamos llevar por nuestro enojo. Lanzamos al otro con el propósito de desacreditarlo o humillarlo. Atacar al cónyuge con palabras para controlarlo deja heridas y no resuelve nada. Por supuesto, el ataque físico está totalmente fuera de consideración. A veces en una pareja, uno de los dos tiende a estallar o descargarse, y luego éste actúa como que nada ha pasado, dejando al otro muy herido, quizás resentido.

(d) **"Divorciarse del otro***
La consecuencia del empleo de los métodos inadecuados anteriores es la separación emocional, resultando en dos extraños que están viviendo bajo el mismo techo. Aunque no vamos a los tribunales o a casa de nuestros padres, hay divorcio espiritual. Frecuentemente termina con la separación o el divorcio legal, cortando los lazos para siempre."

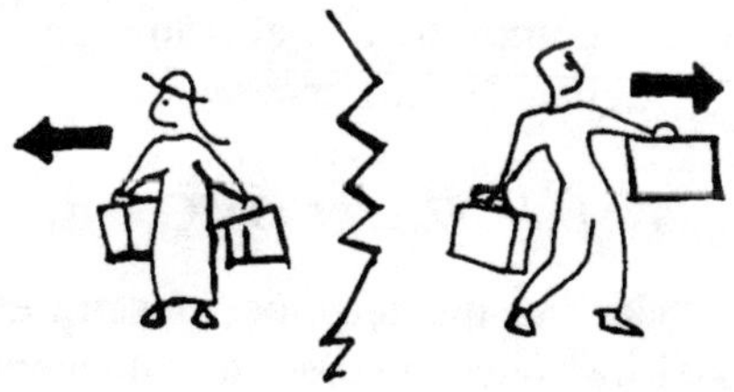

Se sugiere que sería apropiado que en estos momentos la pareja facilitadora compartiera con el grupo su propia experiencia de sus familias de origen. Luego añadir:

"Podemos notar que hace poco que los principios preventivos que estamos compartiendo se han dado a conocer. Nuestros padres no los conocieron. Quizás ellos heredaron de sus ancestros estos métodos y conceptos inadecuados de comunicación, conflicto y sexualidad, y asimismo nos transmitieron lo mejor que pudieron. Ahora que estamos recibiendo estas herrramientas nuevas, tenemos la posibilidad de evitar los mismos errores del pasado."

6. **EJERCICIO: "10 Y 10: CUANDO ME ENOJO"**
(Ejercicio Nº 9, Etapa III. Este ejercicio se hace solamente en forma oral, pero con el volante en las manos. Por favor, leer el ejercicio con todos en voz alta antes de darles las instrucciones a continuación. Luego, cumplir todas las indicaciones de la "Forma oral" tal como se las presentan.)
"Propósito: Explorar con mi cónyuge situaciones, sentimientos, acciones y deseos relacionados con el enojo que yo experimento. Por favor, tomen el Ciclo de la Comunicación plastificado de sus carpetas."

Forma oral:

(A) "A continuación les invito a conversar con su cónyuge sobre el tema 'Cuando me enojo'. Esta es una oportunidad para que cada uno explore situaciones, sentimientos, acciones y deseos relacionados con su enojo y que compartan éstos con claridad con su cónyuge. Si sienten enojo de nuevo al preparar y compartir este ejercicio, no se preocupen. Esto, también, es normal. Primero, siéntense frente a frente. Tomen el volante en sus manos, pero no escriban sus respuestas. El '10 y 10' será hecho únicamente en forma oral. Después, con los ojos cerrados, piensen individualmente y luego compartan entre cónyuges alternando, un tema a la vez. Usen el Ciclo de la Comunicación. **Yo les daré los temas uno por uno.** Tendrán unos cinco minutos para tratar cada tema: un minuto al comienzo de cada tema para cerrar los ojos y enfocar sus pensamientos, y luego dos minutos cada uno para compartir entre cónyuges. Usen oraciones que comienzan con 'yo'. La esposa hablará primero en los temas 1 y 3. El esposo hablará primero en los temas 2 y 4. ¿Hay preguntas? ¿Están listos?"

Después de leer cada tema, la pareja facilitadora debe esperar 5 minutos antes de leer el tema siguiente:

1. **Causas:** ¿Qué situaciones provocan en mí enojo contra ti?
2. **Sentimientos:** ¿Qué otros sentimientos surgen en mí cuando estoy enojado contigo?
3. **Acciones:** ¿Cómo me comporto cuando estoy enojado contigo?
4. **Deseos:** ¿Cómo quisiera haber actuado en momentos en que me sentí enojado contigo?"

(B) Cuando las parejas hayan completado su ejercicio, el facilitador puede invitar a voluntarios a compartir con el grupo entero sus respuestas a los números 3 y 4 sin hablar del cónyuge: "Yo hago... Yo deseo..."

7. *ENSEÑANZA:* **"CÓMO PROCESAR EL ENOJO Y RESOLVER EL DESACUERDO"**

"Una vez que reconocemos que el **conflicto** es nada más que el **desacuerdo** que se ha acalorado, y que el desacuerdo surge de **diferencias** que se acentúan cuando tratamos de vivir juntos, podemos ver claramente que **reconciliar nuestras diferencias** es la tarea principal para edificar un matrimonio. Por eso, cuando dos personas se unen para reconciliar juntos los cambios, puede ser una tarea muy placentera y compensadora.

"Para usar creativamente el conflicto en su matrimonio y desarrollar nuevos métodos que nos lleven a una mayor intimidad: **primero**, hay que **procesar el enojo**; **segundo**, hay que **resolver el desacuerdo**, y **en este orden**. Sin procesar el enojo primero, para calmar los ánimos (bajar la temperatura), es difícil o imposible buscar resolver el desacuerdo. Las emociones se calman cuando los dos se sienten valorados. Procesar el enojo (los sentimientos) involucra dos pasos. Luego, tratar de resolver el desacuerdo (tratar el asunto, la razón del conflicto) involucra dos pasos, también."

Repartir Ejercicio Nº 10, Etapa III. Se sugiere que la pareja facilitadora invite a los participantes a repetir varias veces en voz alta los puntos clave de "Procesar el enojo y resolver el desacuerdo" para asegurar que están interiorizando los principios enseñados.

A. "**Procesar el enojo**:

1. "**Antes** del conflicto y **entre** conflictos, creamos un estilo de vida:

(a) "**Afirmamos y edificamos** la relación matrimonial en toda manera posible, buscando

» vivir según la regla de oro,
» amarnos como Cristo Jesús nos ama,
» cultivar la clara comunicación,
» valorarnos mutuamente y mostrarlo en el diario vivir.

(b) **"Antes de que surja el enojo** una pareja puede tener un desacuerdo o estar en conflicto y comenzar a discutir. Quizás por su actitud o con palabras uno de ellos diga, 'Escúchame.' Pero se puede cambiar esta demanda a una invitación. La persona que primero se da cuenta de que están en conflicto puede notar: 'Parece que estamos en conflicto. **Yo te quiero escuchar**' (Mateo 11:29; Romanos 12:10; Filipenses 2:4; 1 Corintios 10:24). (Después de la lectura de cada pasaje, invitar a todos a repetir: 'Yo te quiero escuchar.')

(c) **"Acordamos** reconocer y aceptar nuestros enojos tan pronto como seamos conscientes de ellos, pero no ventilarlos, **no atacar** ni verbal ni físicamente al otro (Santiago 1:19,26). Cerrar la boca y reflexionar primero evita que reaccionemos al nivel de nuestro enojo y deja que nuestro intelecto entre en acción. El ataque verbal deja heridas emocionales indelebles y por lo tanto merece también el calificativo: **JAMÁS**. **Este dominio propio es clave** (Proverbios 15:1). **Enseguida que surge el enojo tomamos una decisión en cuanto a qué hacer con él** (Mateo 5:22). En la primera frase, Jesús nos dice: 'Cuando se enoja, ¡ojo! ¿Qué harás con el enojo?' En las siguientes frases del versículo, se nota que la persona ya ha decidido herir al otro con sus palabras. Lo mejor es cerrar la boca y reflexionar primero.

2. "**En el momento del conflicto, procesar el enojo**:

(a) "Ponernos de acuerdo en ver el enojo como una emoción sana y normal y **admitir que estamos enojados** cuando lo estamos (Mateo 5:37). ¿No es verdad que lo reconocemos cuando se comienza el cambio interior, cuando el enojo empieza a surgir? En vez de callarnos y negar nuestro enojo, tenemos que aprender a verbalizarlo en forma constructiva: 'Me siento molesto/enojado en este momento.' Callar no ayuda nada porque nuestro cónyuge no es adivino. Decir: '**Estoy enojado**'.

(b) "Acordamos que **cada uno pedirá ayuda** al otro para procesar el enojo que hay en cada uno. El desafío/problema es algo entre nosotros, que juntos podemos resolver. Escoger enfrentarse con el problema, no con el cónyuge. ¡Así, el cónyuge se trata como aliado y no como adversario! (Mateo 5:44). Puede ser que se necesite tiempo para reflexionar (un breve período de enfriamiento) para descubrir las causas de los enojos, pero es importante que los esposos se comprometan a buscar una hora lo antes posible para sentarse y compartir. Decir: '**Ayúdame a procesar el enojo**'. (El enojo, no la situación.)

(c) "**Compartir nuestros sentimientos.** La persona enojada tiene la responsabilidad de **buscar detrás del enojo** el sentimiento primario para poder encontrar la verdadera causa del malestar. El enojo es típicamente una emoción secundaria producida por otra más fuerte aun: como sentirse amenazado, herido, menospreciado, atrapado, temeroso, achucado, decepcionado, impotente, burlado, frustrado, humillado, etc. Un buen ejemplo de esto se ve en Marcos 3:1-5. (Pueden leerlo.) Detrás del enojo que Jesús experimentó, Él sentía una profunda tristeza." "Una vez identificada la causa que produjo el sentimiento de enojo, **lo comunicaremos** con calma utilizando la frase 'Yo sentí ______ cuando tú hiciste o dijiste _______'. Por ejemplo: Un cónyuge puede decir: 'Sé que reaccioné enojado porque sentí mucho miedo. No llegabas y se hacía muy tarde. Me preocupé mucho pensando que te hubiera pasado algo.' El otro cónyuge puede responder: 'Yo te contesté fuertemente porque me sentía atacado injustamente. El ómnibus en que viajaba tuvo desperfectos mecánicos y todos quedamos plantados por unas tres horas. No había cómo avisarte.' O puede decir: 'Yo te contesté fuertemente porque me sentía culpable por no haberte avisado que llegaría tarde.'

Si los dos están enojados, ambos deben seguir estas pautas: 'Estoy enojado...', 'Ayúdame a procesar el enojo...', 'Buscar la emoción primaria...' **No debemos interrumpir** a nuestro cónyuge mientras comparte sus sentimientos, sino **escuchar con todo el corazón** con el propósito de comprender más a fondo al ser amado. Emplear ahora las primeras 8 facetas del Ciclo de la Comunicación. Al ser escuchado atentamente, aceptado y comprendido, cada uno se siente valorado. Es a través de sentirse valorado que el enojo empieza a desaparecer. ¿No es así? **Nombrar y compartir la emoción primaria es clave para procesar el enojo**. Es por eso que primero buscamos la emoción primaria para después resolver el desacuerdo. Decir: '**Buscar la emoción primaria, compartirla y escucharse**'

(d) "**Perdonarse mutuamente**. Decir: '**Perdóname...', 'Te perdono...'**
"Recuerden que **aprendimos cómo manejar el enojo** mayormente en la **niñez**; no mediante un curso, sino observando a otros. Podemos **aprender formas más positivas** de manejar este 'sentido normal'. Sólo requiere un poco de esfuerzo. Si hasta el momento, delante de los hijos hemos usado métodos inadecuados para resolver el conflicto, o si hemos pensado erróneamente que les estábamos ocultando nuestros conflictos, sugerimos que ahora, **delante de ellos**, empleemos estas formas sanas. No sólo mejoraremos nuestra

relación de esposos, sino también proveeremos **ejemplos** positivos para nuestros hijos para que no tengan ellos que pasar por el mismo camino difícil. Además, podemos con toda intención enseñar a nuestros hijos estos principios preventivos para que los empleen en el desarrollo de sus relaciones entre hermanos y amigos."

B. **"Resolver el desacuerdo:**
Se sugiere que cada pareja facilitadora elija un **tema para dramatizar** y así ilustrar las 'Cuatro opciones'. Los posibles temas que se pueden desarrollar son:

a. fiestas y fechas importantes
b. quién lava los platos/compra los víveres
c. quién lleva las cuentas del hogar
d. usar o no almohada/cuántas frazadas
e. cómo usar la pasta dentífrica
f. hombres o mujeres desordenados/qué hacer con la ropa sucia
g. quién limpia el baño o asea la casa
h. las llaves
i. conflicto de planes referente a la recreación
j. participación en la iglesia/organizaciones
k. parientes y amistades: tuyas, mías, nuestras

1. **"Considerar las 'Cuatro opciones' de resolución.**" (Ejercicio Nº 11, Etapa III)

"Una vez procesado el enojo (las emociones), ya podemos resolver el desacuerdo (el enfoque del conflicto), empleando la faceta 9 (acciones) del Ciclo de la Comunicación:

"Aquí tenemos cuatro opciones para resolver los desacuerdos. Todas son válidas y pueden ser empleadas de vez en cuando y todas deben ser hechas con gracia. La meta es resolver cada asunto de tal manera que los dos ganen, y se sientan afirmados y satisfechos con la solución. Si uno de los dos no está totalmente satisfecho con el plan proyectado, juntos sigan buscando crear una nueva posibilidad hasta que la solución propuesta cumpla las necesidades, expectativas y deseos de ambos."

Se sugiere que después de leer el título de cada opción la pareja facilitadora (1) dramatice esa opción y luego (2) invite al grupo a leer juntos en voz alta la definición correspondiente en el Ejercicio Nº 11.

(a) **"Capitulación**.* Uno se somete a lo que el otro quiere. Debe ser un acto libre, sin resentimiento. Debe haber reciprocidad. El otro debe aceptar la decisión de quien capitula. Esto es 'un regalo de amor'.

(b) **"Transacción**.* Cada uno cede en algo por el bien de la relación, la equidad. También la transacción debe ser otorgada y aceptada libremente, con gracia.

(c) **"Coexistencia**.* Ponerse de acuerdo en que pueden haber desacuerdos. Cada uno reconoce que el otro tiene el derecho de pensar y desear en forma distinta del otro y acepta que el otro puede elegir un camino diferente.

(d) **"Crear una nueva posibilidad**.* Esta opción final permite que los cónyuges trabajen juntos para descubrir nuevas soluciones en las cuales ni el uno ni el otro había pensado antes. Pueden compartir una lluvia de ideas, juntos explorar todas las opciones posibles (¡hasta 5 ó 10!), usar su imaginación y divertirse haciéndolo. Después de considerar todas las opciones cuidadosamente, pueden llevarlas a Dios, la cabeza de la familia, pidiendo su dirección final. ¡Dios se la dará!

2. "**Hacer un pacto para el uso creativo del conflicto**."
Si no usaron las **palabras introductorias** al "Inventario del Potencial Matrimonial" (Sesión I, Etapa II, Nº 3, página 41) **se sugiere que las empleen ahora**.

(a) **"Un pacto es un acuerdo** que establece claramente lo que cada cónyuge tiene la intención de hacer la próxima vez que haya conflicto. Será una herramienta para ayudarles a usar creativamente el conflicto.

(b) **"Debe ser fácil llevarlo a la práctica**. Se hace así: Piensen juntos en las causas, sentimientos, acciones y deseos acerca del enojo que ustedes acaban de compartir en el ejercicio 'Cuando me enojo'. Juntos elijan uno o dos áreas clave que surgen en sus momentos de conflicto y que ustedes quieren tratar en una manera nueva. Luego recuerden las enseñanzas sobre cómo **Procesar el enojo** y cómo **Resolver el desacuerdo**. Decidan qué cambios harán cada uno para que los conflictos futuros les ayuden a alcanzar la mayor intimidad que anhelan.

(c) "Debe determinarse **por un corto período de tiempo**, por ejemplo, uno o dos meses.

(d) **"Debe ser renegociable**. Si uno u otro esposo no cumple lo que ambos han convenido, el pacto debe ser revisado, pues debe ser eficaz. También, a medida que los esposos alcancen algunas metas convenidas, pueden ponerse nuevas metas y seguir creciendo en su uso creativo del conflicto.

(e) "El pacto demuestra el **compromiso mutuo**. En la próxima sesión una de sus tareas será escribir un pacto breve y sencillo para ustedes."

8. **Invitar a todos los que desean a ESCRIBIR PREGUNTAS SOBRE LA SEXUALIDAD en la relación matrimonial para conversar en la Sesión IV. Recogerlas inmediatamente.**

"Les invitamos a pensar en puntos relativos a la sexualidad en la relación matrimonial que quieren que se discutan en la próxima sesión. Pueden ser sus propias preguntas o preguntas que otras personas les hayan hecho. Les rogamos que **no** hagan preguntas acerca de la educación sexual de los hijos, porque es otro tema fuera del alcance de este taller. También sugerimos que no consulten entre cónyuges antes de escribir sus preguntas, para que las preguntas sean privadas. No hay que firmar su papel. Las preguntas serán anónimas. Aquí tienen unos papeles para que puedan poner sus preguntas por escrito. Pero ya sea que tengan preguntas o no, tengan la bondad de entregar los papeles doblados a la pareja facilitadora."

9. **CÍRCULO DE ORACIÓN Y DESPEDIDA**, con música ambiental suave (optativo)

"En toda vida y en toda relación hay heridas... grandes y pequeñas. ¿Te acuerdas cómo en tu niñez, cuando te lastimabas, ibas corriendo a donde estaba mamá, papá u otro ser querido mayor para que te besara la herida? Y una vez besada, la herida se curaba... ¡en un instante!

"Dios es el que sana nuestras heridas cuando se las llevamos al Altísimo. Creemos que Dios no solamente puede, sino que quiere sanarnos. Creemos que las oraciones de los padres para con sus hijos son especialmente eficaces y las oraciones de los cónyuges, el uno por el otro, son especialmente poderosas, porque son hechas con amor. No sabemos si ustedes acostumbran a orar el uno por el otro, pero en nuestro hogar, cuando uno de nosotros tiene un dolor, aunque sea muy pequeño, sin esperar que llegue a ser grande, compartimos nuestra necesidad con el compañero conyugal íntimo. Y el cónyuge se para inmediatamente y ora por él o ella según esa necesidad. Orar el uno por el otro, en cosas grandes y pequeñas, dando prioridad al compañero conyugal íntimo, agrada a Dios y Él toca a nuestro amado cónyuge. Si esta experiencia o costumbre ya es tuya, ¡aleluya! Si no lo es, comenzaremos ahora mismo. Vamos a bajar las luces y prender la música. Les invitamos ahora mismo a que cada pareja se aparte de las demás, tome unos minutos para compartir cualquier necesidad y ore el uno por el otro." Terminar con una bendición.

UN TESTIMONIO

Finalmente, **le agradecemos al Señor Jesucristo** por el ministerio que vienen ejerciendo con las parejas y les confesamos que hemos visto profundamente enriquecida nuestra relación matrimonial a través de los principios aprendidos con ustedes. Les contamos además que nuestra hija Mónica Alejandra se ve más feliz y estamos seguros de que lo será mucho más, en la medida en que continuemos ejercitándonos y compartiendo con otras parejas de lo recibido del Señor a través de ustedes. Gracias, mil gracias, y que tanto ustedes como sus hijos y las generaciones que les siguen, reciban las bendiciones del Señor. Hay una inmensa paz en nuestros corazones y creemos que la misma viene de la seguridad de saber que sí es posible tener un matrimonio feliz, fundamentado en la Palabra de Dios.

Les amamos.
En el Señor Jesucristo,
Gregorio y Marlene López,
Bogotá, Colombia

EL TALLER DE ENRIQUECIMIENTO MATRIMONIAL (TEM)

BOSQUEJO GLOBAL

SESIÓN IV (cuatro horas)

ETAPA III: **APRENDER Y USAR NUEVOS CONOCIMIENTOS Y HABILIDADES QUE NOS LLEVEN AL CRECIMIENTO CONYUGAL POSITIVO:**
El USO CREATIVO DEL CONFLICTO (continuación)

Min.			**Página**
15	1.	Cantos de alabanza y oración	93
		Compartir preocupaciones y motivos de alegría	
		Bosquejo para la sesión	
10	2.	Escritura y *Enseñanza*: "Tres preguntas"	93
2	3.	Ejercicio: "Cómo valorarnos y respetarnos cada vez más"	96
5		(A) preparar individualmente	
8		(B) compartir entre cónyuges	
5		(C) compartir con el grupo entero	
2	4.	Ejercicio: "¿Cómo resolvemos los conflictos?"	96
		(Ejercicio Nº 12, Etapa III)	
5		(A) preparar individualmente	
7		(B) compartir entre cónyuges	
6		(C) compartir con el grupo entero	
10	5.	*Enseñanza*: "Fuerza suficiente para resolver el conflicto con provecho"	97
		(Ejercicio Nº 13, Etapa III)	
5	6.	Repaso de las *enseñanzas* sobre: "El uso creativo del conflicto"	98
5	7.	Ejercicio: Las parejas preparan sus "Pactos para el uso creativo del conflicto" y los adornan	98
5		(A) preparar individualmente	
30		(B) preparar por parejas	
10		(C) compartir con el grupo entero	
5		(D) dedicación de los pactos	
20		Descanso (Darse masajes en la espalda)	99

ETAPA III: APRENDER Y USAR NUEVOS CONOCIMIENTOS Y HABILIDADES QUE NOS LLEVEN AL CRECIMIENTO CONYUGAL POSITIVO: ***UN NUEVO MODELO PARA COMPRENDER LA SEXUALIDAD***

Se sugiere que se preparen de antemano y que se tengan ya colgados en la sala de reunión los siguientes afiches (carteles, carteleras, posters, láminas) de papel mantequilla (sábana, manteca, molde, afiche, tirro) con los puntos clave de:

1. Bosquejo para la Sesión IV
2. Un Nuevo Modelo para Comprender la Sexualidad

SESIÓN IV

♥♪♥

ETAPA III: **APRENDER Y USAR NUEVOS CONOCIMIENTOS Y HABILIDADES QUE NOS LLEVEN AL CRECIMIENTO CONYUGAL POSITIVO:**
El USO CREATIVO DEL CONFLICTO (continuación)

1. **CANTOS DE ALABANZA Y ORACIÓN (optativo)**

"Pongámonos de pie para cantar ________________."

Compartir preocupaciones y motivos de alegría

"¿Hay preocupaciones o motivos de alegría que quieren compartir ahora?"

Bosquejo para la sesión

"El bosquejo para la sesión es el siguiente..."

2. **ESCRITURA Y *ENSEÑANZA:* "TRES PREGUNTAS"**

Leer: Efesios 5:21-33 (Versión Popular-Segunda Edición).

"Hay un tipo de estudio bíblico que nos ayuda a escuchar la voz de Dios con mayor exactitud. Se llama el método inductivo. Con frecuencia cuando queremos hacer un estudio bíblico, antes de observar cuidadosamente lo que se dice, comenzamos a interpretar el pasaje, así imponiendo a las palabras de la escritura nuestros prejuicios. El método inductivo nos ayuda a evitar esto. Según este método hay tres preguntas que debemos hacer cada vez que leemos la escritura (tres preguntas, y en este orden):

1. ¿Qué dice el pasaje?
2. ¿Qué significaba para los primeros oyentes y lectores?
3. ¿Qué significa para mí?

"Podemos aplicar estas tres preguntas al pasaje de Efesios que acabamos de leer.

A. "En Efesios 5:21 se lee: 'Sométanse unos a otros, por reverencia a Cristo.'

1. "¿Qué dice? **Por amor a Cristo, humíllense mutuamente**, ninguno dominando. 'Sométanse unos a otros.' Tengan cada uno el espíritu de siervo, el espíritu del que dijo: 'Porque el Hijo del hombre no vino para ser servido, sino para servir y dar su vida en rescate por muchos' (Marcos 10:45).

2. "¿Qué significaban estas palabras para los primeros oyentes y lectores? Ya hemos visto que los primeros lectores vivían en una cultura donde los valores de este mundo se confrontaban con los valores del reino de Dios. La práctica de la dominación chocaba fuertemente con el ejemplo de Jesús y su redefinición de lo que significa someterse. La mentira de la superioridad chocaba fuertemente con la revelación de Jesús de que toda persona es de igual valor: hombre o mujer, esclavo o libre, judío o gentil. ¿No es cierto que los valores que rodean a toda persona se incorporan en la vida propia desde la cuna? Por eso, no les fue fácil vivir la nueva vida en Cristo, la nueva vida de la sumisión mutua como siervos de amor. Pero ellos también se dieron cuenta de que el camino de Cristo es el único camino a la vida y se comprometieron a seguirlo.

3. "¿Qué significa para nosotros? Hay ejemplos de personas que dominan y otras que son dominadas en nuestro alrededor, en la sociedad y aun en la iglesia. Hay personas que se burlan de nosotros si nos empeñamos en vivir la vida nueva en Cristo. Se preguntan: '¿Si tratamos a las mujeres como iguales, ellas van a querer dominar en el hogar, en la iglesia?' La pregunta en sí es una confesión de que, mayormente, a las mujeres no se las trata como iguales, que nos falta practicar la regla de oro. En este pasaje Pablo dice: 'Sométanse unos a otros, por reverencia a Cristo' (Efesios 5:21). La pregunta de quién domina, ya está contestada. ¡Ninguno domina! Como iguales delante de Dios, como compañeros conyugales íntimos, los dos, esposo y esposa, en amor, voluntariamente, con gusto, se humillan mutuamente. Los dos tienen el espíritu de Cristo de servir, de dar su vida por el amado.

B. "En Efesios 5:22 y 24 se lee: 'Esposas, estén sujetas a sus esposos como al Señor ... como la iglesia está sujeta a Cristo.'

1. "¿Qué dice? 'Esposas, estén sujetas'. '**Sujeta**' es sinónimo de **sometida** que acabamos de explorar y en el griego original es la misma palabra. Pablo ya ha explicado que la sumisión debe ser mutua, pero ahora habla específicamente a las mujeres en cuanto a su relación con su esposo. ¿Cómo describe esa relación? Dice '**como al Señor**', con el mayor aprecio, amando al esposo como si fuera Cristo mismo. Aquí tenemos un modelo de la relación matrimonial totalmente nuevo, radicalmente diferente; porque Pablo percibe que **Cristo ha redefinido** las relaciones humanas y lo que significa estar sujeto el uno al otro.

   "La diferencia entre la sumisión del mundo y la sumisión en el reino de Dios es la siguiente:

   "En el mundo 'estar sujeto' significa:

   (1) la esclavitud, la dominación de una persona por otra,
   (2) una relación forzada y opresiva, impuesta desde afuera,
   (3) un ser humano aprovechándose, explotando a uno más débil,
   (4) un humano creyéndose superior a otro.

"Más bien, **en el reino de Dios** 'estar sujeto' quiere decir:

   (1) una actitud y un hecho mutuo,
   (2) ofrecido libremente, voluntariamente,
   (3) con el amor divino que libra y edifica al amado,
   (4) entre personas de igual e infinito valor.

"Otra vez, el ejemplo de Jesucristo y su relación con nosotros es **clave**. En nuestra relación con él, todo es **gracia**. No hay nada legalista. No hay nada de dominación, obligación, explotación, o superioridad. Más bien,

» para quienes realmente conocen a Jesús,
» para los redimidos de su Iglesia,
» para los que han experimentado su perdón y su amor,
» para los que han sido llamados de la oscuridad, la violencia, y la muerte a su maravillosa luz,
» para los que han recibido el poder del Espíritu Santo para vivir en victoria,
» para los que han descubierto el gozo de vivir con Jesús como ramas de la vid,
» éstos se sujetan a Cristo y el uno al otro, libremente, con amor abnegado, afirmando el indescriptible valor de ambos.

2. "¿Qué significaban estas palabras para los primeros lectores de la carta de Pablo? Algunos comprendieron inmediatamente, porque todos ellos habían sido rescatados de la muerte por Jesús. Ahora, formando parte de la familia de Dios, buscaban vivir por él y los unos por los otros. Pero, otros no comprendieron, o comprendieron en parte. Las cartas de San Pablo y los Hechos de los Apóstoles reflejan esa lucha intensa entre el legalismo judaico y las buenas nuevas de Cristo. Para todos les fue difícil, porque ellos, como nosotros, tenían que aprender a aplicar las enseñanzas revolucionarias de Jesús a todas sus relaciones humanas, en la cultura de aquel día.

3. "¿Qué significan estas palabras para nosotros? La esposa puede tener esa misma relación con su esposo que la Iglesia tiene con Cristo: exaltándole, dándole honor, y buscando su máximo bien en todas las cosas. En ambos casos la motivación es el amor.

C. "En Efesios 5:23 y 25 se lee: 'Cristo es cabeza de la iglesia... Esposos, amen a sus esposas como Cristo amó a la iglesia y dio su vida por ella.'

1. "¿Qué dice? Pablo dice que 'Cristo es cabeza de la iglesia', pero, ¿qué tipo de cabeza? Otra vez tenemos un nuevo modelo de lo que es ser esposo, un modelo radicalmente diferente del mundo. El mundo dice que 'cabeza' quiere decir que el hombre tiene que tomar la iniciativa, hacer las decisiones y mandar, y la mujer obedecer. Pero, dice Pablo, **Cristo mismo ha redefinido** lo que es ser '**cabeza**'. En Lucas 22:25-27, (Jesús) les dijo: 'Los reyes de las naciones se enseñorean de ellas ...Mas yo estoy entre vosotros como el que sirve.'

   "Según Efesios 5:25, la **primera** característica de ser cabeza es **amar**. En su primera carta a los Corintios 13:4-8, Pablo define el amor: 'es saber soportar (bendecir, apoyar); es ser bondadoso; es no tener envidia ni egoísmo; es no enojarse ni guardar rencor; es no alegrarse de las injusticias, sino de la verdad. Tener amor es sufrirlo todo, creerlo todo, esperarlo todo, soportarlo todo. El amor jamás deja de existir...'

   "Según Pablo la **segunda** característica de lo que es ser '**cabeza**' es **dar su vida, sacrificarse, por la amada**. Se nota que Cristo jamás se impone a su Iglesia. Darse para salvar la Iglesia es lo opuesto de dominar. Tampoco Cristo fue obligado a darse por nosotros. Más bien, como el escritor de Hebreos dice, 'por el gozo puesto delante de él sufrió la cruz' (Hebreos 12:2, Versión 1960). En Juan 10:18, Jesús dice: 'Nadie me quita la vida, sino que yo la doy por mi propia voluntad.'

"Gustosamente, por el gran amor que él tiene para cada uno de nosotros, Cristo 'se despojó a sí mismo ... haciéndose obediente hasta la muerte', para salvarnos. 'Por lo cual Dios... le exaltó hasta lo sumo' (Filipenses 2:7-9, Versión 1960). En todo, entre esposos, nuestro anhelo debe ser seguir el ejemplo de Cristo Jesús. Pues, según su ejemplo, **someterse el uno al otro es una parte de amar y dar su vida por el amado**.

2. "¿Qué significaron estas palabras para los primeros lectores? Otra vez, cada uno de ellos había experimentado en su propia vida el **amor** de Cristo. Sus corazones habían sido cambiados por el **sacrificio** de Cristo. Por eso, buscaban que sus vidas llegaran a ser semejantes a la de su Salvador.

3. "¿Qué significan para nosotros? Nueva vida, una nueva relación matrimonial para los que tengan oídos para oír y ojos para ver. ¡Que Dios nos transforme, y nos ayude a ser discípulos verdaderos, en palabras y en hechos, en nuestra relación matrimonial y en todos los aspectos de la vida!"

3. **EJERCICIO: "CÓMO VALORARNOS Y RESPETARNOS CADA VEZ MÁS"**
"Propósito: Pensar positivamente en cómo valorarnos y respetarnos cada vez más."

(A) Preparar individualmente.
"Primero, les invitamos a cada uno a tomar un momento para pensar en:
(a) alguna idea de la enseñanza 'Tres Preguntas' que te impactó;
(b) cómo esa idea puede ayudarte a valorar y respetar cada vez más a tu cónyuge."

(B) Compartir entre cónyuges, cara a cara.
"Segundo, dándote una vuelta en tu asiento, cara a cara, compartir entre cónyuges estos pensamientos. Siempre comiencen sus oraciones con 'yo'."

(C) Compartir con el grupo entero: "Lo que descubrí acerca de mí mismo..."

4. **EJERCICIO: "¿CÓMO RESOLVEMOS LOS CONFLICTOS?"**
(Ejercicio Nº 12, Etapa III)
"Propósito: Dar oportunidad para un autoanálisis de las opciones de resolución que la pareja emplea."

Forma escrita:
(A) Preparar individualmente.

(B) Compartir entre cónyuges, cara a cara. Al completar el tiempo disponible, decir "Cuando estén listos, les invito a regresar al círculo."

(C) Compartir con el grupo entero: Los individuos serán invitados a hablar de sus respuestas a las preguntas Nº 3 y Nº 4, comenzando con "Lo que yo descubrí acerca de mí mismo..."

Forma oral:
"Les invito a pensar un momento individualmente y luego a compartir entre parejas. Por favor, siéntense cara a cara. Yo les daré los temas uno a la vez. Los hombres serán emisor en los temas 1 y 3. Las mujeres serán emisor en los temas 2 y 4. Pueden emplear cuatro minutos por tema para contestar las siguientes cuatro preguntas:

(A) ¿Cuáles de las cuatro opciones de resolución empleamos con mayor frecuencia para resolver nuestros conflictos?

(B) Habiendo utilizado las opciones mencionadas, ¿qué nivel de éxito hemos experimentado en resolver nuestros conflictos?

(C) ¿Qué otras opciones quisiera yo poner en práctica en cuanto a nuestro proceso de resolución?

(D) ¿Qué haré para mejorar nuestro proceso de resolver el desacuerdo?"

El facilitador o la facilitadora dejará una pausa de tres minutos entre preguntas. Al final del trabajo por parejas, invitará a los cónyuges a compartir unas de sus respuestas a las últimas dos preguntas (C y D), utilizando los minutos que restan para el ejercicio.

5. ***ENSEÑANZA:* "FUERZA SUFICIENTE PARA RESOLVER EL CONFLICTO CON PROVECHO"**
(Ejercicio Nº 13, Etapa III)

"Además de emplear los principios preventivos para el 'Uso creativo del conflicto' de:
(1) Procesar el enojo; y
(2) Resolver el desacuerdo,

Aquí hay **quince pautas más** para ayudarles a manejar el enojo y el conflicto en una manera positiva y así llegar a una intimidad mayor."

Repartir ejercicios, leer y discutir. La pareja facilitadora invita a las mujeres a leer en voz alta los puntos impares y a los hombres los puntos pares.

1. Estar atento a tus propias quejas y hostilidades.

2. Ser honesto con tus sentimientos.

3. Escuchar al cónyuge sin interrumpir.

4. Ser preciso en cuanto a los hechos.

5. Escoger una buena hora para resolver el asunto.

6. Posponer solamente hasta una hora bien definida del mismo día.

7. Comprometerse a resolver el conflicto lo antes posible.

8. Escoger los temas, uno a la vez.

9. Enfrentarse con el problema, no con el cónyuge.

10. Explorar juntos lo que se puede cambiar y lo que no se puede cambiar.

11. Usar el **Ciclo de la Comunicación**:
    Repetir lo que crees haber escuchado del cónyuge, para asegurarte de que has oído bien, y que lo dicho tiene el mismo significado para ambos.

12. Cuando sientes que hay cualquier malentendido o mala interpretación de los mensajes no-verbales, preguntar al cónyuge lo que quiere decir.

13. La persona que primero se da cuenta de que están en conflicto puede notar: "Parece que tenemos un conflicto. Yo te quiero escuchar."

14. No traer las cosas antiguas al conflicto presente.

15. Cuando han llegado a resolver un conflicto y comprenderse, perdonarse mutuamente.

6. **REPASO DE LAS *ENSEÑANZAS* SOBRE "EL USO CREATIVO DEL CONFLICTO",** dando énfasis a los dos pasos principales: primero, procesando el enojo y luego, resolviendo el desacuerdo. (Véase la Sesión III, páginas 86-89.)

7. **EJERCICIO: LAS PAREJAS PREPARAN SUS "PACTOS PARA EL USO CREATIVO DEL CONFLICTO" Y LOS ADORNAN**
   "Propósito: Ayudar a las parejas a crear pactos para procesar el enojo y resolver el desacuerdo."

   "Ahora nos corresponde preparar pactos para el uso creativo del conflicto. Un diccionario dice que pactar es 'asentar estipulaciones para concertar alguna cosa entre dos personas, obligándose a su mutua observancia.' El pacto que Dios hace con nosotros y que nosotros hacemos con Dios delínea las promesas que cada uno hace con el otro. A continuación, les invitamos a confeccionar un pacto entre ustedes como cónyuges que les ayude a hacer uso creativo del conflicto de tal manera que a través del conflicto lleguen a una mayor intimidad.

   "Los pactos serán enfocados solamente en el uso creativo del conflicto, y más tarde harán un plan para su crecimiento total. Les indicaré los pasos uno por uno.

   Forma escrita:

   (A) Preparar individualmente. "Primero, cada cónyuge se invita a tomar unos cinco minutos para hacer su lista de los puntos clave del uso creativo del conflicto y lo que quiere incluir en el pacto. Será una lista de las promesas que quiere hacer, los cambios que quiere realizar en su vida. Acuérdense de que primero hay que procesar el enojo y luego resolver el desacuerdo. Así que, cuidado de incluir en su pacto (1) lo que harán entre conflictos, (2) qué harán en el momento del conflicto, y (3) qué harán para resolver el desacuerdo." (Pausar para que lo hagan.)

   (B) Compartir entre cónyuges. "Segundo, los dos cónyuges consultarán y juntos confeccionarán su acuerdo en un borrador , combinando sus ideas para formar un documento, un pacto." (Pausar para que lo hagan.)

   "Cuando concuerden en cuanto al contenido del pacto, ya pueden ponerlo en su forma final, utilizando un tema para desarrollar sus ideas y empleando marcadores para adornarlo. Quizás quieran basar el tema de su pacto en sus vocaciones, un pasatiempo favorito, o alguna situación familiar." Antes de esta etapa final del proceso, para inspirarles la pareja facilitadora puede mostrarles ejemplos de pactos creados por otras parejas.

"Tercero, aquí tienen una muestra (unas muestras) de un pacto preparado por otra pareja." (Mostrarles.) "Ustedes ya están listos para poner su pacto en la forma final. Si escogen escribir las palabras de su pacto y adornarlas, muy bien. Si prefieren usar un tema para desarrollar sus ideas, muy bien. El contenido es más importante que la forma. No obstante, sabemos que ustedes son muy creativos. Es su pacto. Recuerden firmarlo y poner una fecha para revisarlo. Aquí están los marcadores (fibras) y el papel para su uso. Tendrán unos treinta minutos para completar su trabajo."

(C) Las parejas comparten con el grupo entero. Es un momento muy especial.
Luego decir: "Los pactos no son para archivar, sino herramientas en sus manos. Por eso, los pactos serán útiles en el grado que los empleemos. Así que les invitamos a colgarlos en su casa en un lugar bien visible y accesible, y cuando comience cualquier conflicto, recurrir a ellos. ¿Listos?"

(D) Dedicación de los pactos ahora o durante el culto final, Sesión V. En tal caso cada pareja llevará su pacto a la mesa del Señor y lo dedicará allí.

Forma oral:

(A) Pedir al cónyuge que escribe que anote en un papel blanco las respuestas de los dos a la pregunta Nº 4 del Ejercicio: "¿Cómo resolvemos los conflictos?". Esto será su pacto. Los dos pueden adornarlo, o juntos pueden preparar su pacto, empleando dibujos para interpretar los puntos que desean destacar.

(B) Compartir con el grupo entero.

La dedicación: (optativa)

"Les invito a ponerse de pie, tomar su pacto en las manos de ambos... Lo que han hecho de buena fe es un pacto para ayudarles a crecer en su uso creativo del conflicto dentro de su matrimonio. Pues, dediquémoslos a Dios, para que él nos ayude a mantenerlos y usarlos como piedrecitas de pisada para seguir creciendo en nuestra relación conyugal.

"San Pablo nos dice en el capítulo 12 de su carta a los Romanos: 'Así que, hermanos míos, les ruego por la misericordia de Dios que se presenten ustedes mismos como ofrenda viva, consagrada y agradable a Dios. Este es el verdadero culto que deben ofrecer. No vivan ya según los criterios del tiempo presente; al contrario, cambien su manera de vivir y lleguen a conocer la voluntad de Dios, es decir, lo que es bueno, lo que es grato, lo que es perfecto.... Ámense como hermanos los unos a los otros, dándose preferencia y respetándose mutuamente.... No te dejes vencer por el mal. Al contrario, vence con el bien el mal' (Romanos 12:1-2,10,21).

"En este espíritu, les invito a repetir conmigo las palabras de Pablo a los Filipenses que dicen: 'Todo lo puedo en Cristo que me fortalece.'" (Filipenses 4:13, Versión Reina Valera, 1960)

Todos lo repiten. Luego dicen, "Amén."

DESCANSO (Darse masajes en la espalda)

ETAPA III: APRENDER Y USAR NUEVOS CONOCIMIENTOS Y HABILIDADES QUE NOS CONDUZCAN AL CRECIMIENTO CONYUGAL POSITIVO: UN NUEVO MODELO PARA COMPRENDER LA SEXUALIDAD

1. *ENSEÑANZA:* "UN NUEVO MODELO PARA COMPRENDER LA SEXUALIDAD"[1]

"El escritor de Génesis nos dice: 'Cuando Dios creó al hombre ... hombre y mujer los creó, y les dio su bendición ... y Dios vio que todo lo que había hecho estaba muy bien' (Génesis 1:27,28,31 Versión Popular). 'Y estaban ambos desnudos, Adán y su mujer, y no se avergonzaban' (Génesis 2:25).

"Aunque es evidente que en la historia judaica, en la práctica, había mucha desigualdad entre los sexos y mucho prejuicio contra las mujeres, la revelación original confirma que Dios creó a hombres y mujeres con mucho gusto, les bendijo en su sexualidad, y aun hoy día Dios está muy contento con Su creación. Su hijo amado nació de una mujer y vivió como hombre, para bendecir por siempre nuestra naturaleza humana.

"Sin embargo, ¿no es verdad que el enemigo desde el Jardín del Edén siempre ha tomado lo bueno que Dios creó y ha intentado convertirlo en algo falso y feo? Como la sexualidad está relacionada muy íntimamente con nuestra identidad, como hijo o hija de Dios, es un área de nuestras vidas de mucha confusión. Toda cultura nos da mensajes mezclados en cuanto a nuestra sexualidad.

"Si Dios mismo se alegró, y se alegra, en nuestra sexualidad, con nuestra identidad como hombres y mujeres, ¿cómo podemos entendernos a nosotros mismos y usar nuestra sexualidad para cumplir el plan de Dios?"

(Señalar el afiche "La Sexualidad")

"Hoy queremos ver las distintas facetas de nuestra sexulidad, ubicada en el ambiente familiar y social. Hoy queremos ver que la sexualidad incluye nuestra identidad (como hombre o mujer), la intimidad (redefinida), la sensualidad (todo lo que se encuadra en el acto sexual), y la reproducción (la creación de una familia). Comencemos con la identidad.

La identidad:

"Somos hombres y mujeres creados por nuestro Padre Omnipotente quien se deleita en cada uno de nosotros. No fue por accidente que yo fui creada mujer (hombre) y mi cónyuge fue creado hombre (mujer). Fue el plan perfecto de Dios.

"Salmos 139:13,16 dice: 'Tú me formaste en el vientre de mi madre... Tus ojos vieron mi cuerpo en formación' (Versión Popular). Aun antes de la creación del mundo, Dios pensó en cada uno de nosotros y nos llamó por nombre. Cada uno de nosotros nace en una familia, en una sociedad donde por enseñanzas inadecuadas y por ejemplos imperfectos aprendemos lo que un hombre o una mujer debe ser y hacer.

---

1. Adaptado en parte de un folleto, "Creating Intimacy", por Sarah Catron, publicado por A.C.M.E., 1989. Usado con permiso.

La Sexualidad[1]

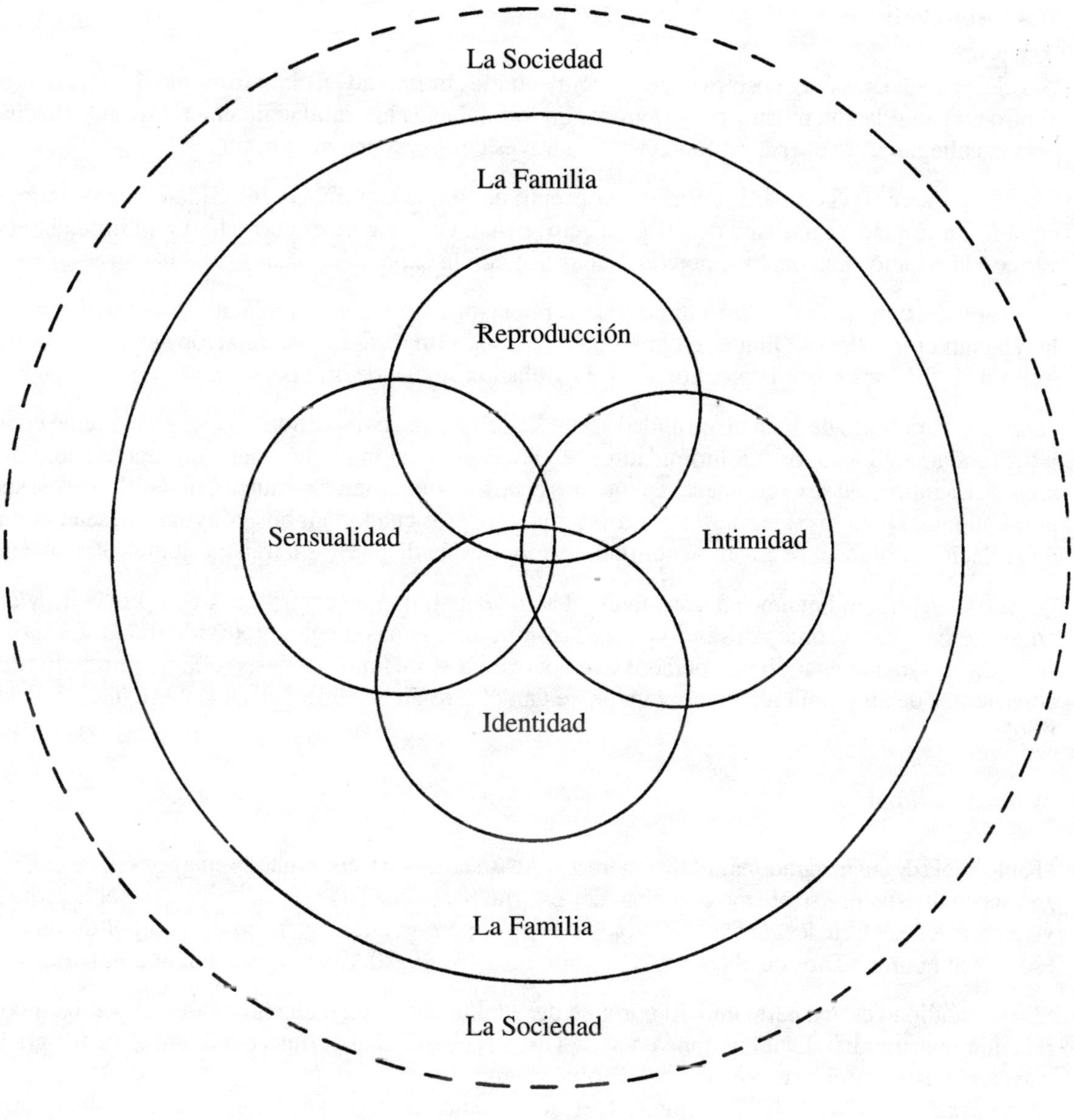

1. Adaptado de un modelo preparado por Dennis Dailey, DSW, University of Kansas School of Social Welfare; A.C.M.E. "Basic Training Workshop", página 49.

"Pero, dentro de cada uno de nosotros Dios ha reservado un lugar para sí mismo. Allí Dios nos busca, se encuentra con nosotros, nos llama a ser todo lo que él tuvo en mente cuando nos creó. Por eso, es solamente en relación con él mismo que descubrimos plenamente quiénes somos como hombre y mujer. Es solamente en relación con él mismo que descubrimos Su propósito maravilloso para nuestras vidas, nuestra parte en Su reino."

"La intimidad:

"Es el deseo de Dios para nosotros que experimentemos intimidad en el matrimonio. Dios nos da el uno al otro en una relación única y muy sagrada. La intimidad es la cualidad de una relación en la cual dos personas llegan a conocerse profundamente a través de la comprensión mutua.

"Así que, queremos compartir un nuevo concepto de lo que significa la intimidad. Frecuentemente la palabra 'intimidad' se usa para describir el acto sexual. Pero eso no es correcto. La intimidad tiene que ver con la relación personal y emocional, más que con la expresión física.

"La verdad es que podemos ser íntimos con otra persona sin tener una relación sexual. (Ejemplos son la relación entre buenos amigos, o entre padres e hijos.) En cambio, una relación sexual no produce la intimidad. (Ejemplos son la prostitución o la violación sexual de otra persona.)

"David y Vera Mace definen la intimidad como 'la privacidad compartida', o 'ser plenamente conocido y profundamente amado'. La intimidad depende de ser comprendido, aceptado, apreciado, cuidado, amado. La intimidad se experimenta cuando los esposos comparten esperanzas, dudas, fracasos, sueños, pensamientos, temores, alegrías, etc. La intimidad ocurre cuando ambos cónyuges desean compartir una relación profunda, se aman, se confían, y ambos están dispuestos a trabajar juntos para alcanzarla.

"Como matrimonio llegamos a ser uno en el acto sexual, uno en espíritu, uno en propósito y uno en amor. Pero siempre somos dos individuos. La intimidad jamás niega la individualidad. La intimidad se logra solamente cuando dos personas se conocen a sí mismas, se desarrollan como individuos, y conscientes de su propia identidad y valor, se dan al otro en una relación saludable e íntegra. Ésta es la **unidad** verdadera.

"La sensualidad:

"Pablo habla de cuán sagrado es nuestro cuerpo: '¿Acaso no saben ustedes que su cuerpo es parte de Cristo?... ¿no saben ustedes que su cuerpo es templo del Espíritu Santo que Dios les ha dado, y que el Espíritu Santo vive en ustedes? Ustedes no son sus propios dueños, porque Dios los ha comprado por un precio. Por eso deben honrar a Dios en el cuerpo' (1 Corintios 6:15a,19-20 Versión Popular, Segunda Edición).

"La sensualidad es una parte muy importante del ser humano y un elemento poderoso y dinámico en la relación matrimonial. Es un hermoso don de Dios. Tiene muchas formas que incluye varios grados de caricias, besos, y el acto sexual. La Biblia siempre hace referencia al acto sexual con el verbo 'conocerse', y es verdad que compartir el acto sexual en toda su plenitud, con ambos cónyuges experimentando el orgasmo, es conocer al cónyuge como a ningún otro ser humano. Es una relación sagradísima, como Dios lo entendió. Es normal que la pareja tenga mucho interés en el sexo. Aunque la sensualidad no es el elemento más importante en el matrimonio, sí, es muy importante.

"El cumplimiento sexual y todos los demás aspectos del matrimonio se enlazan. El aspecto sexual del matrimonio se afecta cuando existen conflictos no resueltos. Lo que ocurre en la cocina se lleva al dormitorio. De la misma manera, la relación matrimonial sana y vital encuentra una de sus expresiones más amplias en la actividad sexual. La intimidad sexual es un reflejo de la intimidad total de la pareja.

"En el correr de los años, la actividad sexual cambia, y eso según la pareja. La frecuencia del acto sexual puede disminuir. Pero, en una relación sagrada y comprometida el placer de tocar el uno al otro, de experimentar la proximidad, de compartir la intimidad en muchas formas, puede siempre ser más y más dulce.

"El doctor David Mace y su señora (doctora Vera) escriben: 'La sensualidad es muy agradable, pero para la mayoría de las parejas, la sensualidad ocupa menos de 100 horas por año. Eso equivale a unos cuatro días al año. ¿Qué ocurre en la relación matrimonial durante los 361 días restantes? ¿Cómo puede la pareja plasmar sus románticos votos matrimoniales en su diario vivir?'[1]

"Por eso, damos énfasis a la intimidad, que es lo más fundamental de la relación y el manantial del cual la sensualidad más completa y sana fluye. **Mientras más intimidad haya, más gozo sexual ha de haber.**

(a) "Algunas **barreras en la intimidad y sensualidad** son:

(1) falta de conocimiento de sí mismo;
(2) la tensión continua;
(3) estar demasiado ocupado;
(4) el enojo no resuelto;
(5) la inflexibilidad;
(6) la falta de comunicación;
(7) la infidelidad, la confianza traicionada; y
(8) traumas anteriores de la niñez o juventud.

(b) "Pues, **la intimidad y la sensualidad** se fundan en:

(1) el compromiso mutuo, de estar presente siempre, el uno para con el otro;
(2) la manera en que la pareja se anima mutuamente en su crecimiento como personas;
(3) el compromiso al crecimiento de la relación matrimonial.

"Requiere **fe mutua** basada en **promesas cumplidas**, **experiencias compartidas**, en una **comunicación clara**, en la cual temores y dolores se **expresan** y se **aceptan** con **cariño**. La intimidad crece en un ambiente de alegría y recreación, cuando dos personas reservan **tiempo**, el uno para el otro. El tiempo compartido es una de las mejores maneras para decir a la pareja que él o ella se valora.

"Finalmente, el amado o la amada jamás se cansa de decir o escuchar las palabras 'Yo te amo'. ¡No está demás decir estas palabras hasta 1000 veces al día para animar y afirmar al cónyuge! Quizás sea el regalo más apreciado que podemos dar a nuestra pareja."

"Una familia feliz

"**Había una pareja joven**, muy pobre, seres imperfectos, pero juntos luchaban para sostener y criar bien a su familia. Dos cosas les favorecían:

---

1. Marriage Enrichment, the Life Work of Drs. David and Vera Mace, editado por Larry Roth, página 4. A.C.M.E., Winston-Salem, NC 27108. Usado con permiso.

(1) Los dos eran muy consagrados a Dios y lo mostraban con sus vidas dentro y fuera del hogar.

(2) Se amaban mucho, y con su ejemplo enseñaron a sus hijos lo que significa ser esposo y esposa.

"Cuando el papá llegaba de su trabajo era un tiempo muy feliz. La mamá era muy trabajadora y siempre cuidaba de tener la comida lista para el papá. Pero eso no era todo. Momentos antes de la hora de su llegada, ella se lavaba la cara, se peinaba, se ponía un delantal o vestido limpio, y estaba lista para recibir a su esposo con un beso. Los hijos no podían recordar alguna vez en que sus padres no se hayan besado cuando el papá se iba o llegaba a la casa. Los papás eran unidos. Se amaban y se lo demostraban.

"Trabajaban juntos. Eran una familia numerosa. Había mucho que cumplir, y se esperaba que cada miembro hiciera su parte. Cuando el papá (que era bastante fuerte, un hombre entre los hombres) llegaba a casa al fin del día, después de la cena, él tomaba el bañador (lavatorio, platón, palangana), lo llenaba de agua y jabón, y comenzaba a lavar los platos. Luego daba a cada uno de sus hijos un secador (paño, repasador, limpiador), y riendo decía: 'A ver si ustedes pueden alcanzarme.' Entonces él comenzaba a cantar, y los chiquitos también mientras lavaban y secaban los platos. ¡Era tan divertido trabajar en familia, que todos ellos crecían creyendo que trabajar juntos era lindo!

"La **herencia más valiosa** que nosotros como padres podemos dar a nuestros hijos tiene poco que ver con lo material. La herencia más preciosa es ayudarles a conocer a Dios y eso por medio de demostrarles a nuestros hijos lo que significa amarnos y apoyarnos mutuamente como esposo y esposa. ¡Padres, esa herencia está al alcance de todos nosotros!

"La reproducción:

"Las parejas que no pueden tener hijos frecuentemente sienten un vacío en sus vidas o un anhelo por llegar a ser padres. El regalo que Dios nos hace con los hijos biológicos o adoptivos es un tesoro incomparable. Cambian nuestras vidas para siempre. Los hijos son quizás el desafío mayor de la relación matrimonial. Podemos y debemos leer y estudiar todo lo posible para aprender a ser padre y madre.

"Pues, es en la práctica que realmente descubrimos quiénes somos nosotros. Es en el desafío de cuidar a los hijos y guiar sus pequeños pasitos que nos hacemos conscientes más que nunca de los modelos interiorizados de nuestras propias familias de origen: sus fuerzas y debilidades, sus semejanzas y diferencias y los puntos de choque que éstas causan. En el desafío de criar a nuestros hijos nos descubrimos a nosotros mismos: quiénes somos verdaderamente, y otra vez, los cambios que necesitamos hacer en nuestro propio ser y manera de actuar, para estar de acuerdo como pareja, para obrar para el mayor bien de los hijos. Y aun haciendo lo mejor que podamos, hay que tener la humildad de reconocer que a veces fallamos y somos desafiados a crecer y a cambiar más y más. La vida se llena de gozo con los logros y a veces de tristeza con sus fracasos. ¡Y cuánto más nos duele cuando perdemos a un hijo o a una hija!

"Parece que crecen en un abrir y cerrar de ojos. Los tenemos en casa precisamente durante los años cuando nosotros, los papás, estamos buscando desarrollarnos vocacionalmente. Así que, tenemos que buscar un equilibrio entre la provisión de recursos para la familia, hacer crecer la relación matrimonial, la autorrealización, y disfrutar de la relación con nuestros hijos. ¡Es un desafío enorme! Requiere unidad entre esposos, la entrega total de cada uno a la tarea, y que juntos aprendamos a depender de Dios para hacer elecciones sabias. Los años resultan muy pocos.

"Luego, después de comprometernos y darnos al máximo a los hijos, llega el tiempo de la separación, cuando debemos soltarlos completamente para que sigan sus vidas, anhelos, sueños, carreras, para crear sus propias familias y hogares. Pues, el proceso de descubrir su propia identidad es también parte del plan de Dios. Por eso, debemos confiar en su habilidad de autodeterminación y confiar en Dios para que los guíe, cuide y sostenga. Es el ritmo de la vida: amar y soltar, amar gratuitamente y soltar con el mismo espíritu de gracia, respeto, confianza y libertad.

"Conclusión:

"Comenzamos diciendo que el mejor regalo que podemos dar a nuestros hijos es una relación matrimonial sana y fuerte , donde el amor de Cristo nos une y nos comunicamos con bondad e integridad, y donde sabemos usar el conflicto creativamente, no para separarnos, sino para llevarnos a una mayor intimidad. En general, cuando los hijos ya han volado del nido, nosotros como pareja tenemos muchos años por delante para seguir creciendo en nuestra relación matrimonial, en nuestro amor conyugal, en servicio al Señor y al prójimo."

2. **Ejercicio: "10 y 10: Nuestra relación sexual"**
(Ejercicio Nº 14, Etapa III)
"Propósito: Profundizar el amor conyugal a través de la clara comunicación."

Forma escrita:

(A) Preparar individualmente, como "10 y 10", una carta de amor.

(B) Al terminar de escribir, cambiar cartas con un beso o abrazo, según su gusto. Luego, leer la carta de su cónyuge dos veces, primero con la mente para captar el contenido y segundo con el corazón para entender el mensaje detrás de las palabras. Compartir entre cónyuges, cara a cara, alternando un tema a la vez. Luego, los cónyuges pueden conversar según su gusto. Usar el Ciclo de la Comunicación.

Forma oral:

"El último ejercicio para esta sesión se llama 'Nuestra relación sexual':

(A) "Les invitamos a cerrar los ojos por un momento y pensar en:

» tres cosas que me gustan de nuestra relación sexual. Háganlo ahora, por favor..." (Dar tiempo.)

» "Ahora, abran los ojos y compartan entre cónyuges, comenzando por el hombre. Cada cónyuge comenzará diciendo: 'Tres cosas que me gustan de nuestra relación sexual son...' Tienen cinco minutos para compartir.

(B) "Ahora les invitamos a cerrar los ojos una vez más e individualmente pensar en:
tres cosas que son buenas en nuestra relación sexual, pero que podrían ser mejoradas. Háganlo ahora, por favor..." (Dar tiempo.)
"¿Listos? Abran los ojos y compartan entre ustedes como cónyuges, pero esta vez la esposa comenzará diciendo, 'Tres cosas que son buenas en nuestra relación sexual, pero podrían ser mejoradas son...' Sean siempre positivos el uno con el otro. Tienen cinco minutos para compartir.

(C) "Finalmente, les invitamos a cerrar los ojos una vez más e individualmente pensar en:

» tres cosas que me comprometo a hacer para mejorar nuestra relación sexual porque quiero agradarte. Piensen en esas tres cosas ahora, por favor..." (Dar tiempo.)

» "¿Listos? Abran los ojos y compartan entre ustedes como cónyuges. Esta vez el esposo comenzará, diciendo: 'Tres cosas que me comprometo a hacer para mejorar nuestra relación sexual son...' Tienen cinco minutos para compartir.

"Al terminar, pueden darse un buen abrazo o beso, ¡según su gusto!"

3. ***TEMARIO:* "CONVERSACIÓN SOBRE SUS PREGUNTAS"**

La pareja facilitadora responderá a las preguntas que han surgido del grupo, no como "expertos", sino compartiendo de su propia experiencia como compañeros peregrinos en la vida. Se puede usar como recurso suplementario la lista de preguntas y respuestas que se encuentran en el Apéndice A.

4. **CÍRCULO DE ORACIÓN Y DESPEDIDA,** con música ambiental suave (optativo)

Se puede usar esta oración ahora, o **en el culto final, Sesión V**.

En la oración de sanidad interior es sumamente importante que las personas que dirigen la oración pidan al Cristo resucitado que venga a ministrar a los participantes. Por eso, se sugiere que la oración se lea muy despacio, dando tiempo después de cada frase para que el Señor obre en cada vida. Así, la gente puede orientar su corazón y su mente al Señor Jesús, permitiendo que Él intervenga muy personal y sobrenaturalmente en la situación específica en que la persona fue afectada (Isaías 53:1-5; Lucas 4:18-19).

"En este momento queremos ponernos en una comunión más íntima con nuestro Creador, entregarle todo nuestro ser, e invitarle a guiar nuestros pensamientos. Así que, te invito a poner tus cosas a un lado. Relajarte en tu asiento y cerrar los ojos... Este es un momento muy especial donde Dios ha de sanar muchas heridas. Así que, por favor, estén pendientes y receptivos a la oración para ser ministrados por el Espíritu Santo...

"¿Estás cansado? Ya lo creo, porque has trabajado muy fuerte y te felicito. Has esforzado la mente y el espíritu. Nuestro Padre está complacido, también. Ahora, te invitamos a centrar tus pensamientos en el Señor. Ten en cuenta que tú puedes invitar a Jesús que se encuentre contigo en cualquier lugar o momento. Vamos a compartir una oración, pidiendo al Señor resucitado, que es el mismo ayer, hoy y por los siglos, que venga a ministrarte. Pues, Jesús tiene la capacidad de entrar en los lugares más recónditos de nuestra vida y traer sanidad y restauración de mente y corazón. Un discípulo suyo, quien conversaba mucho con Jesús dijo: 'Sólo hay que pensar en su nombre, y Él ya está a nuestro lado.'

"Así que, relajado, te invito a verte en un valle muy hermoso... El pasto es verde... el cielo azul... Se oye el canto de un pájaro en el campo... Toma tu tiempo para verte allí... ¿Listo?... Tú estás solito... A pesar de la belleza que te rodea, al mirar adentro, reconoces tu necesidad. Piensas en experinecias del pasado... en conflictos que no han salido bien... alguna injusticia... un abuso sexual... o algo que tú hiciste que aún te duele... algo que experimentaste en tu niñez o juventud... o quizás algo de los años de matrimonio... Quieres estar libre del peso de la angustia de soledad, miedo, o recuerdos tristes... Alzas los ojos, y allí en la distancia está la figura de un hombre en la cumbre del cerro... Él está andando hacia ti... Reconoces que es Jesús... Él se acerca, y se sienta a tu lado...

“Tú comienzas pronto a decirle todas las cosas que te causan tristeza... (una pausa más larga)... Jesús escucha atentamente, mientras te desahogas. Quizás necesitas llorar... No hay apuro... (una pausa más larga)...

“Cuando terminas de contarle todo, Jesús se levanta y te ofrece la mano... Al tomarla ves que su mano lleva las cicatrices de los clavos... Te levantas, también, y juntos andan hacia el cerro...

“Por primera vez notas que ahí en la cumbre hay tres cruces ... Al pasar por debajo de la cruz central te detienes para mirar hacia arriba. Luego miras a Jesús a tu lado... a su rostro...

“Recién notas las heridas en su frente, donde las espinas fueron clavadas... Te acuerdas de las palabras de Isaías: ‘por su llaga fuimos nosotros curados’ (Isaías 53:5) ...y piensas en lo que él ha hecho por ti...personalmente por ti... De repente, estás consciente de que los ojos de Jesús están explorando, penetrando la profundidad de tu ser... con indescriptible poder y ternura... como el Padre eterno al niñito amado... ola tras ola del amor divino bañándote... limpiándote... valorándote... estimándote... llamándote... abrazándote... llenándote de esperanza y confianza... el Creador vivificante... atrayéndote hacia sí... atrayéndote hacia aquel por el cual fuiste creado... contagiando tu espíritu con su abnegado amor que te libera... y transforma... Te sonríe y siguen caminando...

“En la otra ladera del cerro hay un río con aguas cristalinas y frescas... Jesús te invita a entrar con él al agua...Tomado de la mano de Jesús, juntos entran en ese río que es el agua de vida... Notas que todas las tristezas de las heridas pasadas están siendo llevadas por la corriente saludable y resplandeciente... dejándote renovado, sanado, fuerte...

“Ya es claro que en aquellos momentos difíciles, esa mano herida siempre estaba tomada a la tuya...

“Llegan a la otra orilla del río, y al salir del agua, el Señor se va desapareciendo de tu vista y no le ves más... Pero la sensación de la mano de Jesús, tomada de la tuya, permanece... Miras hacia adelante, y allí en la distancia está tu hogar... tu cónyuge... y tu familia... esperándote... (PAUSA LARGA)... Cuando estés listo, puedes abrir los ojos... (PAUSA LARGA).

“Pongámonos de pie... Tomémonos de las manos para recibir la bendición de Dios:

‘Estoy seguro de que Dios, que comenzó a hacer su buena obra en ustedes, la irá llevando a buen fin hasta el día en que Jesucristo regrese’ (Filipenses 1:6). ¡Amen!”

EL TALLER DE ENRIQUECIMIENTO MATRIMONIAL (TEM)

♥♪♥

BOSQUEJO GLOBAL

SESIÓN V (cuatro horas)

ETAPA IV: **PREPARAR UN PLAN DE CRECIMIENTO CON METASY ACCIONES CLARAS, Y HACER UN COMPROMISO MUTUO PARA CUMPLIRLAS**

Min.			Página
10	1.	Cantos de alabanza y oración	111
		Compartir preocupaciones y motivos de alegría	
		Bosquejo para la sesión	
10	2.	Escritura y *Enseñanza*: "La parábola de los talentos"	111
5	3.	Ejercicio: "Planear el crecimiento futuro"	113
		(Ejercicios Nº 1 y Nº 2, Etapa IV)	
10		(A) preparar individualmente	
40		(B) compartir entre cónyuges y confeccionar su plan de crecimiento	
15		(C) preparar velas o decorar mates	
5		(D) dedicación de los planes	
30		**Descanso** (Sacar fotos del grupo)	115
15	4.	Diálogo: "¿A dónde vamos?"	116
		(A) Planear grupo de crecimiento	
		(B) ¿Quién lo ha de convocar? ¿Cuándo? ¿Dónde?	

ETAPA V: **CLAUSURAR CON EVALUACIÓN, AFIRMACIÓN, Y CELEBRACIÓN**

Min.			Página
15	1.	Culto de adoración y clausura	116
10	2.	Ejercicio: "Te amo porque..."	117
40	3.	Santa Cena	117
2	4.	Pasos próximos	118
8	5.	*Enseñanza*: Cómo invitar a otras parejas a un taller futuro	118
		(Ejercicio Nº 1, Etapa V)	
5	6.	Cuestionario: Evaluación del TEM	119
		(Ejercicio Nº 2, Etapa V)	
10		(A) preparar individualmente	

Se sugiere que se preparen de antemano y que se tengan ya colgados en la sala de reunión los siguientes afiches (carteles) de papel mantequilla (sábana, manteca, molde, afiche, tirro) con los puntos clave de:

1. Bosquejo para la Sesión V
2. Plan de crecimiento

Se sugiere también que se preparen:

1. Una mesa con mantel
2. Los elementos para la Santa Cena
3. Una vela grande lista para ser prendida en el centro de la mesa de Comunión
4. Una vela por pareja para usar en su primer "10 y 10" en casa, adornada por la misma pareja con materiales provistos por la pareja facilitadora o un mate por pareja y los materiales para adornarlo
5. Fósforos
6. Dos almohadas para arrodillarse
7. Los certificados para ser entregados antes del comienzo del culto final

SESIÓN V

♥♪♥

ETAPA IV: PREPARAR UN PLAN DE CRECIMIENTO CON METAS Y ACCIONES CLARAS, Y HACER UN COMPROMISO MUTUO PARA CUMPLIRLAS

1. **CANTOS DE ALABANZA Y ORACIÓN** (optativo)

“Pongámonos de pie para cantar ________________________.”

Compartir preocupaciones y motivos de alegría

“Apreciamos mucho el sentido de comunidad y las expresiones de cariño mutuo que hemos experimentado durante este taller. Ahora, hemos llegado a la última sesión. ¿Hay preocupaciones o motivos de alegría que quieren compartir?”

Bosquejo para la sesión

“El bosquejo para esta sesión es...”

“Ya vemos que estos principios preventivos de la buena comunicación, el uso creativo del conflicto, y una sexualidad más bella son herramientas que nos ayudan a relacionarnos. Describen en forma específica cómo podemos cumplir los grandes principios que Dios nos enseña a través de su palabra.” (Juan 16:12-13.)

2. **ESCRITURA Y *ENSEÑANZA:* “LA PARÁBOLA DE LOS TALENTOS”**

Leer Mateo 25:14-18.

“Ustedes ya conocen ‘La parábola de los talentos’. Cuando Jesús contó esta parábola, estaba en Jerusalén por última vez. Según Mateo, ésta fue una de las tres últimas parábolas que el Señor contó antes de su muerte. Nos habla del reino de Dios. Los valores del reino de Dios son radicalmente diferentes de los valores del mundo. Si vamos a ser discípulos y a tener los mejores matrimonios posibles, es urgente que escuchemos con mucho cuidado.

“Jesús comienza diciendo que el reino de los cielos es como un amo que yéndose lejos, llama a sus siervos y les entrega sus bienes, su tesoro. A uno le da cinco talentos, a otro dos talentos, y a otro uno. Ahora, un denario es equivalente al jornal de un obrero y 6.000 denarios son iguales a 1 talento. Si calculamos que hay unos 300 días hábiles de trabajo en el año, cinco talentos serían 30.000 denarios, ¡o una suma equivalente a 100 años de trabajo! ¡Mucho dinero!

"El que recibió dos talentos recibió como 12.000 denarios, ¡o el equivalente de 40 años de trabajo! ¡También mucho dinero! El que recibió un talento, ó 6.000 denarios recibió una suma que fue el equivalente de 20 años de sueldo. ¡Aun así fue una buena cantidad!

"¡Todos recibieron mucho dinero! ¡Qué sorpresa! El amo era sumamente rico, bueno, generoso, y confiaba en sus siervos. Además, les conocía muy bien. Por eso, él dio a cada siervo según su habilidad. Les dio mucho a cada uno y luego se fue lejos. Estuvo ausente por mucho tiempo, probablemente muchos años. Les dio una gran oportunidad y mucha libertad, para que aumentaran su tesoro. Al fin regresó para arreglar cuentas con ellos.

"El que había recibido cinco talentos trajo otros cinco. Había doblado su tesoro. ¡Fue enorme! En vez de tener el equivalente de 100 años de sueldo, ya tenía 60.000 denarios, ¡el equivalente del sueldo para 200 años! ¡Una fortuna! ¡Imagínense! El que había recibido dos talentos trajo otros dos. Había doblado su tesoro. En vez de tener el equivalente de 40 años de sueldo, ya tenía 24.000 denarios, ¡el equivalente de 80 años de sueldo! ¡Otra suma impresionante! A los dos el amo les dio el mismo premio: 'Bien, buen siervo y fiel; sobre poco has sido fiel, sobre mucho te pondré; entra en el gozo de tu señor' (Mateo 25:21). (¡Yo pienso que aun en el comienzo no fue poco, sino mucho! ¿No les parece?) ¡El premio fue darles un tesoro mayor, más responsabilidad y más gozo! El amo se alegra de ver que sus siervos tienen éxito. Es lo que desea para ellos. Les ama. Ya ha sido sumamente generoso con ellos, pero quiere ser aun más generoso. ¡Su generosidad es asombrosa!

"Luego, el tercer siervo se acerca al amo, con otro informe, un informe muy diferente. 'Señor, te conocía que eres hombre duro, que siegas donde no sembraste y recoges donde no esparciste; por lo cual tuve miedo, y fui y escondí tu talento en la tierra; aquí tienes lo que es tuyo' (Mateo 25:24-25). ¿Qué les parece? ¿El tercer siervo conocía a su amo? No lo creo. No reconoció que la confianza que el amo puso en él fue señal de su amor. Solamente podemos imaginarnos el silencio aterrador que siguió a su anuncio. La respuesta vino con claridad y tristeza del corazón del amo. ¡Tanto había confiado en sus siervos! ¡Tanto quiso bendecirlos! 'Siervo malo y negligente, sabías que siego donde no sembré, y que recojo donde no esparcí. Por tanto, debías haber dado mi dinero a los banqueros, y al venir yo, hubiera recibido lo que es mío con los intereses' (Mateo 25:26-27).

"El amo rico realmente no pidió mucho. No había pedido a los otros que doblaran el dinero. Aun habría aceptado hecho de haberlo puesto en el banco para acumular los intereses. El amo fue muy paciente y justo. Lo que el amo **no** podía aguantar era la pereza, la negligencia, la falta de creatividad y compromiso. Terminó diciendo con angustia: 'Quitadle, pues, el talento, y dadlo al que tiene diez talentos ... al que no tiene, aun lo que tiene le será quitado' (Mateo 25:28,29). El que recibió 10 talentos se había comprobado que era digno de confianza. El amo soberano quien ama al mundo continuó: 'Y al siervo inútil echadle en las tinieblas afuera; allí será el lloro y el crujir de dientes' (Mateo 25:30).

"A Jesús le pareció tan importante esta enseñanza que la incluyó como una de las tres parábolas cumbres de su ministerio. ¿Por qué?

(1) "A través de la parábola Jesús nos dice que **Dios** es sumamente rico, bueno, generoso, y confiado en sus hijos e hijas. Dios nos conoce a cada uno de nosotros íntimamente y nos ama más de lo que podemos imaginarnos.

(2) "Jesús nos dice que cada uno de nosotros es un milagro increíble. Mira tus manos..." (hacerlo). "Toca tu cuerpo..." (hacerlo). "¡Tú estás maravillosamente formado! Pon la mano sobre tu corazón..." (hacerlo). "¡Hay vida en ti! ¿Te das cuenta de que Dios, con toda la creatividad divina,

se preocupó por millones de millones de años para formarte a ti? ¡Y no solamente eres un milagro físico, sino que Dios mismo sopló su propia vida en ti y te hizo un ser viviente! ¡Te dio una mente, para poder comunicarte con Dios, tu Creador y los unos con los otros! ¡Te dio un corazón que late, capaz de amar a Dios y al prójimo tanto como eres amado! **¡Dios te ha llenado de tanta capacidad, que en toda esta vida no tendrás tiempo para desarrollar todos tus talentos!**

"Si Dios nos ha dado cinco talentos, dos, o uno , es igual... Un día Dios nos va a pedir que le rindamos cuentas. No ha de haber excusas:

> 'No pude... no soy muy inteligente... mi familia... la economía... no tuve tiempo... mi edad... una vida muy difícil... por eso oculté mis talentos.'

"Es claro que el Rey no aguanta la pereza, la negligencia, la falta de creatividad o de compromiso. A través de la parábola Jesús mira directamente a sus discípulos y a todos nosotros, y nos dice con gran amor:, '**¡Sé todo lo que puedes ser!... ¡Haz todo lo que puedes hacer para la gloria de Dios**!'

"Jesús es nuestro ejemplo. Él se conocía a sí mismo y el propósito de su Padre para su vida. Jesús se atrevía a vivir su 'yo soy' y a ser todo lo que podía ser. Se atrevía a hacer todo lo que podía hacer para la gloria de Dios. Le costó la agonía de la cruz, pero así compró nuestra salvación (Hebreos 5:8 9). A nosotros también Dios nos llama a vivir con valentía nuestro 'yo soy' para su gloria y así por su gracia recibir la promesa de que un día 'seremos semejantes a Él, porque le veremos tal como Él es' (1 Juan 3:2). ¡Es el llamamiento más alto del universo!

"El propósito principal de esta última sesión es confeccionar un plan de crecimiento, para establecer metas y comprometernos a cumplirlas. ¿Cómo podemos aplicar la parábola de los talentos al plan de crecimiento para nosotros mismos y para apoyar a nuestro cónyuge en el suyo? ¿Cómo podemos aplicar la parábola a nuestro plan de crecimiento matrimonial para la honra de Dios?"

3. **EJERCICIO: "PLANEAR EL CRECIMIENTO FUTURO"**
(Ejercicios Nº 1 y Nº 2, Etapa IV)

"El Enriquecimiento Matrimonial se funda en el principio que los cónyuges, y sólo ellos, tienen control del desarrollo de su relación matrimonial. Cada pareja tiene dentro de sí misma los recursos y la habilidad para intencionalmente dirigir su relación matrimonial hacia un crecimiento positivo. El cambio es inevitable, pero el desarrollo en una dirección positiva es el resultado de una cuidadosa planificación y esfuerzo. Les felicitamos por su entusiasta participación en este taller, porque su participación es señal de su intencionalidad.

"Pero, ¿qué del futuro? Porque lo que hemos hecho aquí es solamente un paso en el camino que abarca toda la vida. Por eso, lo que proponemos hacer en estos momentos es darles una oportunidad para desarrollar un plan para su crecimiento individual y relacional. Ustedes ya han preparado su pacto para el uso creativo del conflicto. Ahora, les invitamos a confeccionar un plan global de crecimiento. En su totalidad, ¿qué desean para sí mismos, para su cónyuge y para su matrimonio? ¿Qué desean alcanzar en cada uno de estos tres aspectos en el próximo mes?, ¿en los próximos seis meses?, ¿en el próximo año?, ¿cinco o diez años de hoy día en adelante? ¿Cuáles son las áreas estratégicas de crecimiento que ustedes anotaron en 'Cinco características del matrimonio cristiano' (optativo), 'Inventario del potencial matrimonial' (alternativo), o 'Aspectos positivos de nuestra relación matrimonial' en la primera sesión?

"Diseñar un plan de crecimiento tiene dos pasos:

(1) Establecer las **metas** para su crecimiento (metas para ustedes como individuos y como pareja); y
(2) Desarrollar un plan de **acciones** específicas (acciones para ustedes como individuos y como pareja).

"Por ejemplo, una **meta** podría ser la de mejorar sus habilidades de comunicación. La esposa podría decidir tener como meta personal compartir más sentimientos con su esposo. Él, por otro lado, podría decidir mejorar su habilidad de escuchar a su esposa, y así animarla a compartir más sus sentimientos. Juntos pueden ponerse de acuerdo para tomar una acción específica en cuanto a su meta trazada. Podrían ponerse de acuerdo para invertir unas horas específicas cada semana para practicar estos nuevos métodos de comunicación, hasta que lleguen a ser parte de sí mismos (establecer su '10 y 10').

(Optativo) "Otra meta personal de uno de los esposos podría ser la de aprender a leer y escribir en este año. Su pareja podría tener como meta, ayudarle a realizar esta meta tratando de crear en la iglesia o en la comunidad clases de alfabetización.

"Después de pensar en sus propias metas de crecimiento, los dos pueden comparar sus listas y formular entre sí un plan de crecimiento. El plan será **un plan de gracia**, basado en la idea de que 'Hago esto porque yo creo que es muy importante para nuestra relación matrimonial. No está condicionado a cualquier acción de parte tuya.' Un plan de gracia funciona según el principio que **si espero que mi cónyuge cambie antes** de que yo cambie, evidentemente, no ha de haber cambio positivo alguno. **Más bien, cada cónyuge se compromete a cambiar primero, como regalo de amor a su pareja**."

Forma escrita:
"Los planes de crecimiento (como los pactos para el uso creativo del conflicto) funcionan mejor si son escritos y colgados donde pueden ser vistos diariamente. Estos planes de crecimiento deben ser evaluados cada semana y revisados si una parte no está dando resultados. Pueden usar un '10 y 10' para hacerlo, si quieren. Para que no se frustren ni se desanimen, cuidado de poner demasiadas metas en su plan al comenzar. Según su comportamiento vaya cambiando, ustedes pueden agregar nuevas metas y acciones a su plan en momentos propicios para su crecimiento. Sería una ayuda formar parte de un **grupo de crecimiento** para animarse los unos a los otros.

(1) "Ahora les vamos a distribuir hojas, y cada uno puede comenzar a pensar en las metas y acciones personales que quieren llevar a cabo. Sugerimos que en respuesta a la tercera pregunta (¿Qué necesitamos hacer para crecer como pareja?) pongan por lo menos una meta y una acción sobre la buena comunicación, una sobre el uso creativo del conflicto (poner en práctica el pacto), y otra sobre la sexualidad. Esta vez no vamos a compartir los planes de crecimiento con el grupo. Serán privados.

(2) "Cuando hayan terminado su trabajo individual, los dos cónyuges pueden iniciar el desarrollo de su plan de crecimiento como pareja. Para el segundo paso, les daremos nuevas hojas para su planificación." (Repartir Ejercicio Nº 1, Etapa IV.)

(A) Preparar individualmente.

(B) Compartir entre cónyuges y confeccionar un plan de crecimiento. (Repartir Ejercicio Nº 2, Etapa IV.) Adornarlo, si quieren y hay tiempo.

(C) Según las parejas vayan terminando su plan de crecimiento, los líderes pueden repartir las **velas** y los materiales, de modo que cada pareja vaya adornando su propia vela para el culto final.

O, en regiones donde el mate simboliza comunidad y comunicación, en vez de preparar velas, los participantes pueden decorar **mates** para usar en su "10 y 10" en casa. (Mate es el recipiente y también la hierba aromática con lo que se prepara la bebida que lleva su mismo nombre en el cono sur de Sudamérica.)

(D) Dos maneras alternativas y optativas para dedicar los planes de crecimiento son:

1. Pueden llevar los planes de crecimiento a la mesa para su dedicación cuando reciben la Santa Cena. Vean las instrucciones en Etapa V,3.(A)1., página 117. Esta opción es especialmente significativa.

2. Pueden dedicarlos en este momento. (Se ponen de pie.)
   Líder: Leer Filipenses 3:12-14. Luego, se invita a los participantes a tomar el plan de crecimiento en las manos de ambos y en privado, frente a frente, cada pareja puede decir el uno al otro sus palabras particulares de compromiso.

Forma oral:

(A) Pensar individualmente.

(B) Conversar juntos.

(C) Salir juntos a buscar tres cosas de la naturaleza:

(1) Símbolo del crecimiento del hombre.
(2) Símbolo del crecimiento de la mujer.
(3) Símbolo del crecimiento de la relación matrimonial.

(D) Compartir sus símbolos con el grupo.

(E) Finalizar con la dedicación: (optativo)

Para la dedicación de los planes de crecimiento, tengan la bondad de escoger entre las alternativas sugeridas bajo Forma escrita (D).

(F) Sugerir que lleven los símbolos a casa y los pongan en un lugar especial.

DESCANSO (Sacar fotos del grupo)

4. **DIÁLOGO: "¿A DÓNDE VAMOS?"**

"¿A dónde vamos? ¿En qué punto estamos ahora? ¿Qué otras necesidades tienen?"

Después de escuchar sus expresiones, la **pareja facilitadora** puede decir:

"Tal vez ustedes como parejas quieran reservar un tiempo y un lugar en el futuro inmediato para reunirse con el objeto de organizar un **grupo de crecimiento**. Recomendamos que consideren seriamente la formación de tal grupo para animarse mutuamente hacia el crecimiento matrimonial. El grupo de crecimiento consiste en grupos de 4 a 8 parejas que se reúnen en casas de sus miembros una o dos veces por mes, para compartir de sus experiencias matrimoniales, para aprender unos de otros, y para apoyarse mutuamente. Estos **grupos de crecimiento** son importantes para muchas parejas porque son una fuente de esperanza y fuerza para sus matrimonios."

Planear grupo de crecimiento

La **pareja facilitadora** puede ofrecerles una fotocopia de **"Guía para líderes de grupos de crecimiento"** (Taller Básico de Entrenamiento, Apéndice B) y/o su presencia en la primera reunión organizadora. Luego, el grupo puede conversar y hacer sus decisiones: ¿Quién va a convocar la primera reunión? ¿Dónde? ¿Cuándo?

El uso de este material

"Les rogamos muy encarecidamente que no empleen el material del TEM para otros propósitos, sino que estas enseñanzas, principios, y ejercicios queden intactos, frescos, nuevos, y especiales para futuros participantes. Hay otros materiales disponibles, y si están interesados, pueden aprovecharlos para otro tipo de evento. Les agradecemos respetar estas pautas. (Por favor, vea página 22 para detalles.)"

ETAPA V: CLAUSURAR CON EVALUACIÓN, AFIRMACIÓN, Y CELEBRACIÓN

(Aquí se entregan a las parejas los certificados del TEM.) Luego, antes de inicar el culto, la pareja facilitadora puede solicitar la participación de todos en el liderazgo. Puede invitar a voluntarios para guiar los cantos, leer los pasajes bíblicos y dirigir las tres oraciones: (1) pedir la presencia del Señor, (2) arrepentimiento, y (3) acción de gracias.

1. **CULTO DE ADORACIÓN Y CLAUSURA** (optativo)

Canto de alabanza

Oración, pidiendo la presencia del Señor.

Lectura bíblica: Juan 13:34-35 y 1 Corintios 13

Oración de sanidad interior. Vea página 106, si no se usó en la Sesión IV.

Canto de alabanza

2. **EJERCICIO: "TE AMO PORQUE...",** con música ambiental suave

Invitar a las parejas a invertir unos cinco minutos a solas, diciéndose el uno al otro: "Yo te amo porque..." El hombre comienza.

3. **SANTA CENA**

La mesa debe estar preparada con un mantel, los elementos para la Santa Cena, una vela grande para prenderse, y una vela o mate adornado anteriormente por cada pareja con materiales provistos por la **pareja facilitadora.**

(A) Explicar cómo proceder con la Santa Cena.

1. Si no dedicaron los planes de crecimiento en la Sesión IV, ahora la pareja facilitadora puede invitar a las parejas que traigan sus **pactos** y sus **planes** a la mesa de Comunión para dedicarlos al Señor.

2. Las parejas se acercan a la mesa una a la vez, en cualquier orden, se arrodillan en oración y cuando estén listos, sirven el uno al otro de los elementos. Cada uno toma un pedazo de pan, lo mete en el jugo de uva y lo pone en la boca de su cónyuge.

3. Luego, si quieren, continúan arrodillados en oración, consagrando su matrimonio, su pacto y su plan de crecimiento a Dios, mientras los demás en el círculo interceden en silencio por ellos.

4. Al terminar, levantan su vela de la mesa, para usar en su diario "10 y 10" en casa, como recuerdo de que la Luz del Mundo siempre está presente para bendecirles cada vez que se sientan a dialogar y que su "10 y 10" es un tiempo sagrado. Pueden encender su vela de la vela de la mesa o no, según su gusto. (O llevan su mate adornado para usar en su "10 y 10".) Vuelven a sus asientos.

5. Después, otra pareja en el círculo se adelanta a la mesa y se sirve, mientras que los demás oran por ella. Luego, levanta su vela o su mate adornado y se sienta. Así se continúa hasta que todos los participantes en el círculo hayan recibido la Santa Cena. La pareja facilitadora será la última en servirse.

(B) Comenzar música ambiental suave apropiada.
Oración de arrepentimiento, con alguien guiándola.

(C) Leer **escritura**: 1 Corintios 11:23-26 para la dedicación de los elementos.

(D) Las parejas se acercan a la mesa y participan, según las instrucciones.

(E) En último lugar, la pareja facilitadora se sirve, se levanta y cubre los elementos.

Oración: Acción de gracias

Canto de alabanza

Bendición: Efesios 3:20-21

Pueden finalizar dando abrazos a las parejas alrededor del círculo.

4. **PASOS PRÓXIMOS**

A. "Dios ha hecho grandes cosas en nuestras vidas y relaciones durante estas veinte horas. Hemos gozado de la comunión con el Espíritu Santo y con otras personas. Ahora, ¿cómo vamos a regresar a la vida cotidiana? En los días venideros han de venir dificultades, conflictos, desafíos nuevos. Su fe será probada. Será fácil volver a actitudes y hábitos antiguos. Pero si están cimentados en Jesús y en los principios preventivos, no importa cuán fuertes sean los vientos y las tempestades, su casa y su relación permanecerán firmes. No olviden que la clave es tener sus ojos puestos en Jesús, y practicar, practicar, practicar los principios aprendidos en el taller. Al ver el cambio en sus vidas, otros preguntarán: '¿Cómo podemos tener esta experiencia, también?'

B. "Aquellos de ustedes que se sienten llamados a prepararse para ser una **pareja facilitadora** se les invita a conversar con los líderes acerca de la posibilidad de participar en el segundo nivel de enriquecimiento matrimonial, o sea, en un **Taller Básico de Entrenamiento (TBE)**, y así iniciar el proceso que les llevará hacia la certificación.

5. ***ENSEÑANZA:*** **CÓMO INVITAR A OTRAS PAREJAS A UN TALLER FUTURO**

"Como les explicamos en la segunda sesión, es nuestro anhelo que ustedes que han participado en este taller tengan la libertad de invitar a otras parejas a integrarse a un futuro Taller de Enriquecimiento Matrimonial, para que así, muchos tengan la oportunidad de mejorar sus matrimonios. Para lograr este propósito les pedimos que vayan pensando en nuevas parejas para:

A. **reclutarlas (inscribirlas)** e integrarlas a un taller futuro, indicándoles la fecha, hora, y lugar a través de una invitación escrita u oral, según corresponda;

B. **apadrinar** a otra pareja implica:

1) entregar sus nombres a la pareja coordinadora del **grupo de crecimiento** en la primera reunión;
2) ver que la nueva pareja reclutada (inscrita) asista y participe en el taller; y
3) orar por ella desde el momento de reclutarla (inscribirla) y en forma especial durante el taller, para que Dios obre en las vidas de ambas personas.

"Esto no les limita a invitar o apadrinar a más de una pareja. Ahora les entregaremos las invitaciones y confirmaciones para que ustedes devuelvan la confirmación en la primera reunión del **grupo de crecimiento**. La invitación quedará con la pareja reclutada." (Repartir las invitaciones, Formulario Nº 1, Etapa V.)

"Unidos buscaremos bendecir a otras parejas. ¿Qué les parece?"

6. **CUESTIONARIO: EVALUACIÓN DEL TALLER DE ENRIQUECIMIENTO MATRIMONIAL**
(Formulario Nº 2, Etapa V)

Preparar individualmente. Un facilitador puede leer la preguntas, las cuales serán contestadas una a la vez y en forma individual. Puede usar música apropiada de fondo.

7. **MOMENTOS FINALES**

(A) Recordarles que **lleven** el cuadro de su historia matrimonial, su vela, carpeta con materiales, pacto, plan de crecimiento, e invitación a un futuro Taller de Enriquecimiento Matrimonial.

(B) Expresar su gratitud por la bienvenida ofrecida.

(C) Círculo de oración de gracias. (Optativo.)

(D) Bendición: Hechos 20:32. (Optativo.)

(E) Afirmación mutua entre miembros del grupo, abrazos y despedidas.

APÉNDICE A

EL TALLER DE ENRIQUECIMIENTO MATRIMONIAL (TEM)

♥♪♥

POSIBLES RESPUESTAS A LAS PREGUNTAS SOBRE LA SEXUALIDAD

POSIBLES RESPUESTAS A LAS PREGUNTAS SOBRE LA SEXUALIDAD

♥♪♥

Las siguientes preguntas fueron hechas por participantes de unos talleres de Enriquecimiento Matrimonial llevados a cabo en Argentina, Bolivia, Chile, Colombia, Paraguay, Uruguay y Venezuela con una amplia variedad de personas de diferentes edades y culturas de veintitrés (23) naciones. Lo que se presenta aquí no son respuestas definitivas, sino posibles respuestas a inquietudes representativas de una porción de la población latinoamericana. Se ofrecen como un recurso para respaldar el diálogo que ustedes tendrán en sus talleres.

Temas generales

1. ¿Lo sexual une más a la pareja?

   Lo sexual puede unir más a la pareja o puede ser la causa de conflicto. Como hemos ya observado, las emociones no son ni buenas ni malas. Podemos decir lo mismo de la sexualidad. Es un don de Dios. Lo que hacemos con la sexualidad sí, es bueno o malo.

2. ¿Por qué el acto sexual es motivo de tantas dificultades en el matrimonio? ¿La insatisfacción en la relación sexual puede ser motivo de conflicto? ¿Cómo resolver este problema?

   La relación sexual causa dificultades en el matrimonio:

   (a) Cuando se usa en forma egoísta para satisfacer su propio deseo sin preocuparse de su cónyuge;
   (b) Cuando se usa para manipular o controlar al otro;
   (c) Cuando hay falta de fidelidad;
   (d) Cuando la unidad sexual no se expresa como la culminación de la intimidad.

3. ¿Puede verse o entenderse la relación sexual como una forma de escape emocional, o no?

   Puede ser, pero no es su propósito. ¿Estamos hablando de un escape sano (recreativo) o no? Hay muchas maneras insalubres de usar el acto sexual, como sustituto a una relación significativa. Pero Dios nos dio la relación sexual como un don precioso. Todos podemos aprender a usarla para:

   (a) Gozar;
   (b) Reproducirnos;
   (c) Culminar la intimidad y expresar el amor conyugal

4. ¿La relación sexual puede ser un arma para la guerra espiritual?

   Sí, si los dos están muy unidos. Juntos el enemigo queda vencido. La unidad edifica. Minístrense el uno al otro ante la necesidad más pequeña, sin esperar que sea grande. Oren el uno por el otro.

5. Nuestra relación sexual se encuentra un tanto limitada por demasiada actividad de trabajo secular y de iglesia. ¿Cómo podemos regular esta situación? Nota: Hay mutuo acuerdo en la mayoría de las veces.

   En su relación sexual, usar todos los principios de comunicación para decidir juntos la forma de su relación matrimonial. (Vea Conflictos en la relación sexual, Nº 4, 5, 6, 8, 9 en este apéndice):

   (a) Estar en contacto con sus sentimientos y pensamientos;
   (b) Comunicarse mutuamente, ser siempre honestos y sensibles;
   (c) Escucharse atentamente;
   (d) Dialogar, usar su "10 y 10".

6. La actitud de posesión de uno de nosotros respecto a los hijos es causa de conflicto en nuestra relación como pareja. ¿Qué hacer?

   Parecen estar más enfocados en otras cosas que en su relación matrimonial. Dar más atención a los hijos que al cónyuge puede ser un escape para no hacer frente a su relación actual y resolver los desafíos que existen allí. Pueden corregir esto. Acuérdense de que el mejor regalo que pueden dar a sus hijos es un matrimonio saludable y fuerte. Es importante dar prioridad a su relación matrimonial e invertir tiempo en ella:

   (a) Hacer uso de su "10 y 10" diariamente;
   (b) Poner en práctica su pacto para el uso creativo del conflicto; y
   (c) Cultivar su relación a través del plan de crecimiento. Sólo nosotros podemos decidir la dirección de nuestro matrimonio. El pájaro que tenemos oculto en las manos, ¿lo mataremos, o lo soltaremos vivo para que vuele?

7. ¿Cómo puedo ayudar a mi esposo en su ministerio? Me gustaría saber cómo ayudarle o enseñar sin ofenderlo. ¿Cómo aprender a ser más cariñosa?

   Hay que temer a Dios, y no tanto al esposo. Dios nos llama a ser compañeros conyugales íntimos. Recuerda la Parábola de los Talentos. Dios ha dado dones importantes a ustedes dos, dones que se complementan, y Dios requiere que cada uno le rinda cuenta del desarrollo de esos dones. A través de la buena comunicación, juntos descubran cuáles son y cómo pueden trabajar como equipo para la gloria de Dios, cada uno desarrollándose al máximo. Así, sean todo lo que pueden ser en Cristo Jesús.

8. Parejas mayores se separan. ¿Cómo se puede solucionar este problema?

   A veces una pareja continúa viviendo junta, a pesar de su relación matrimonial insalubre, mientras los hijos están en casa. Cuando los hijos se van, ya no existe motivo para continuar el matrimonio. Sólo "vivir para sus hijos" tiene un valor muy limitado. Esta decisión es encomiable, pero una solución sería trabajar juntos para hacer crecer la relación matrimonial y cumplir la promesa hecha el día de su boda: "hasta que la muerte nos separe..." Este es el modelo saludable que los hijos necesitan.

Planificación familiar

1. ¿Cómo evitar tener más hijos, o no cargarse con más familia? ¿Cómo debemos cuidarnos? ¿En qué tiempo puede uno tener relaciones con su cónyuge? ¿En el período antes o después de la menstruación? ¿Qué es la planificación familiar? ¿Hasta qué punto es bueno o malo la planificación delante de Dios?

   La planificación familiar es que la pareja decida libre y responsablemente cuántos hijos quieren tener y cuándo. Es un desafío de todo ser humano, una decisión propia de la pareja, un derecho de la mujer que defiende su salud y la del niño, y una responsabilidad seria de parte de dos adultos delante de Dios.

   MÉTODO "RITMO": Este método no es muy seguro. Además, la mujer tiene que tener un período muy regular y tiene que anotar en el calendario sus días de período para después calcular sus días más fértiles. Se trata de abstinencia sexual durante estos días más fértiles.

   » Para un ciclo de 28 días, el día de ovulación es 14 días después del comienzo de las reglas menstruales; los días más fértiles son cuatro días antes y cuatro días después de la ovulación; o sea, del día 10 al día 18 del ciclo.

   » Para un ciclo de 30 días, el día de ovulación es 16 días después del comienzo de las reglas menstruales; los días más fértiles serían del día 12 al día 20 del ciclo.

   » Para un ciclo de 32 días, el día de ovulación es 18 días después del comienzo de las reglas menstruales; los días más fértiles serían del día 14 al día 22 del ciclo.

   (Esos son unos ejemplos nada más; hay que individualizar para cada pareja.)

2. ¿Se pueden usar métodos anticonceptivos? ¿Cuál es el más apropiado para una pareja joven? ¿Cuáles son los riesgos y beneficios de estos métodos anticonceptivos? ¿Cuál es el método anticonceptivo que Dios aprueba?

   OTROS MÉTODOS ANTICONCEPTIVOS: Para las parejas más jóvenes, es recomendable la píldora hormonal, o una combinación de condón y tableta vaginal, o el condón y espuma vaginal. Para las parejas ya adultas, un método muy bueno sería la utilización del diafragma, que se coloca para el acto sexual y se retira unas horas después. Es sano, inocuo y económico. El médico toma las dimensiones y se fabrica a la medida.

   En cuanto a los dispositivos intrauterinos (D.I.U., espiral, etc.), no son recomendables ya que no evitan la fecundación, sino que actúan impidiendo al huevo (cigota) anidar en la mucosa uterina, provocando de esta manera un "microaborto", siendo que un óvulo fecundado ya es un nuevo ser.

   Consulten con su médico. Cualquier método que dé prioridad al valor de las vidas involucradas se aprueba por Dios, porque cada persona es de inestimable valor para el Altísimo. Es nuestra recomendación que ustedes dos consulten con su médico y decidan juntos cuál método emplear.

3. ¿Cuál es el número ideal de hijos en el matrimonio?

   Depende de cada pareja. Es bueno usar todos los principios de una comunicación clara para ponerse de acuerdo, según sus recursos económicos y emocionales, para criarlos sanamente y educarlos.

Conflictos en la relación sexual

1. ¿La atracción física va junto con el deseo sexual, o una es independiente del otro?

   Sí y no. Fue para ganarnos mutuamente que nos presentamos el uno al otro lo mejor que podíamos. Ahora que nos hemos conquistado, ¿por qué no seguir presentándonos lo mejor posible? Seamos tan atractivos como podamos ser para nosotros mismos, hombres y mujeres, como para nuestro cónyuge. Seamos tan limpios y puros como sea posible: aseados de cuerpo, cabello, y boca para recibir y dar los besos y caricias mutuas. La higiene también contribuye a la salud y a la prevención de las enfermedades.

   Sin embargo, la intimidad es más duradera que la atracción física. El físico cambia; envejecemos. Pero, ¿quiere esto decir que el amor conyugal se enfría con el paso de los años? No. Necesitamos actuar con toda intención para hacer crecer el amor entre nosotros. Sólo nosotros decidimos la dirección de nuestra relación. Es como cultivar un jardín. Tenemos la necesidad de cultivar el amor y la relación matrimonial.

2. ¿Cómo evitar el deseo sexual, o los pensamientos al ver a una mujer bonita, sensual, que no sea mi esposa? ¿Hasta qué punto en Cristo están permitidas las fantasías sexuales en el matrimonio?

   En Cristo las fantasías sexuales no son sólo permitidas, sino que pueden ser cultivadas si el enfoque de las fantasías es el cónyuge. Ambos, hombres y mujeres, tienen que escoger cómo utilizar la imaginación y los ojos.

   Hay tres versículos del Sermón del Monte que son de ayuda:

   (1) Mateo 5:8: "Bienaventurados los de limpio corazón, porque ellos verán a Dios";
   (2) Mateo 6:22-23: "La lámpara del cuerpo es el ojo... Si tu ojo es bueno, todo el cuerpo estará lleno de luz" (si no... ¡estará en tinieblas!);
   (3) Mateo 5:27-30: "No cometerás adulterio ... cualquiera que mira a una mujer para codiciarla, ya adulteró con ella en su corazón.... Si tu ojo ... te es ocasión de caer, sácalo, y échalo de ti."

   Sus palabras parecen muy drásticas, pero el Señor está enfatizando cuán crítico es el uso apropiado de nuestra imaginación y nuestros ojos. Antes de casarnos, utilizamos los ojos para escoger bien a nuestra futura esposa. Después de haber hecho nuestra decisión, tenemos que cambiar nuestros hábitos en cuanto a mirar a otras mujeres bonitas. ¡Hay muchas en el mundo! Pero, hemos escogido una señorita bonita y sensual, y hemos prometido delante de Dios serle fiel. La fidelidad conyugal es una decisión para la vida entera.

3. ¿Es posible que entre los cónyuges haya intimidades por separado?

   Es posible, pero jamás deben existir. La honestidad y la fidelidad son indispensables.

4. ¿Para hacer el amor se debe hacer de mutuo acuerdo? ¿Qué hacer si uno de los esposos no quiere tener relaciones sexuales?... ¿Qué debo decir cuando no tengo deseos? Muchas veces me he sentido usada... Si yo no quiero estar con mi pareja, ¿tengo que estar con él por obligación? ¿Dónde está mi derecho?... ¿Cómo puedo dejar de sentir eso que me daña?... ¿Debo someterme a relaciones sexuales cada vez que mi marido tiene deseo? ...¿Qué hacer cuando el esposo exige tener algunas relaciones sexuales en las cuales quiere disfrutar él solo? En estas situaciones yo me siento muy usada y enojada. Esto ocurre generalmente cuando estoy cansada y cuando estoy con la menstruación.. Quiero saber cómo explicarle que no sea tan brusco conmigo. Él, a veces, es muy torpe en sus caricias y otras se concentra solamente en los genitales... ¿Hasta dónde llega la unidad y la individualidad en la disposición al acto sexual?

   Si uno de los esposos no quiere tener relaciones sexuales, debemos mutuamente respetar su decisión y planear un tiempo cuando los dos estén de acuerdo en compartir. Si tú no tienes deseos, es tu responsabilidad comunicárselo a tu cónyuge con honestidad y cariño. Si te sientes "usada" por tu esposo, es importante conversar profundamente con él sobre "por qué" te sientes así, y resolverlo juntos. ¿Usan su relación sexual para edificarse y agradarse, mutuamente? ¿Se aceptan tiernamente los pensamientos y sentimientos el uno del otro? Solamente a través de la clara, sensible y honesta comunicación puedes dejar de sentirte dañada. Frecuentemente hay rechazo de relaciones sexuales por falta de afecto y ternura, por falta de comunicación afectiva.

   Es muy importante quitar todo sentido de demanda en la relación sexual: toda demanda al otro y o a sí mismo, y toda expectación que hace que uno o la pareja funcione según ciertos conceptos preconcebidos. Más bien, la relación sexual debe ser una expresión auténtica de la intimidad que cultivan durante el día, todos los días.

   Las relaciones sexuales deben ser la culminación de la intimidad, de verdaderamente "hacer el amor", de placer para ambos, de tomar tiempo para gozarse en la totalidad del cuerpo del otro (no solamente en los genitales). Pueden aumentar la hermosura total de la relación matrimonial y su relación sexual, si con frecuencia se dan placer y se acarician el uno al otro, por el gozo del amor que les une y para afirmarse el uno al otro, sin llegar al acto sexual. Con un poco de loción en las manos, suavemente se acarician por turnos los pies, las manos, el cuello, la cara, el cabello, el torso, las caderas, las piernas, los pechos, etc., atesorando el uno al otro. Se sugiere que ustedes exploren alternativas que embellezcan su relación. En cualquier ocasión, y especialmente durante días de menstruación o tiempos de cansancio, el énfasis debe ser más en dar placer a su cónyuge que enfocarse en el orgasmo.

5. ¿Por qué el rechazo a las relaciones sexuales? ¿Es la edad? ¿O por una reacción al enojo?... ¿Cómo evitar el acto sexual cuando uno está un poco enojado? ¿O cuando uno se siente cansado y no quiere tener relación sexual? ¿Cómo decirlo sin ofender al otro, o que el otro no se sienta rechazado?... Mi esposo y yo no deseamos la relación sexual con la misma frecuencia. Yo puedo pasar días sin deseos, pero él a veces lo desea más de una vez en el día. A veces yo cedo y aún me siento molesta... Sueño con una relación más excitante y la nuestra me parece rutinaria. No estoy satisfecha y no sé qué hacer. Esto afecta a mi esposo, pues lo percibe... ¿Cómo expresar positivamente nuestros deseos y frustraciones respecto al acto sexual?

   Puede haber rechazo a las relaciones sexuales cuando uno u otro de la pareja no encuentra satisfacción en la relación, o quizás uno de los dos esté muy cansado. La mala salud puede influir, pero la edad en sí no debe afectarlas. Lo que siempre influye, sí es el conflicto no resuelto. Si uno de la pareja ha sufrido abuso sexual y no ha recibido sanidad interior, si hay tensión, cansancio, resentimiento, preocupación, o separación por cualquier razón, es difícil que una persona se dé al otro en el acto sexual. Siempre hay que resolver estas cosas **primero** para que haya un verdadero sentido de intimidad. La relación sexual saludable es la culminación de esa intimidad. **Mientras más intimidad haya, más gozo sexual ha de haber.**

A veces se dice: "El acto sexual resuelve todo". Es mentira. Lo opuesto es verdad. Sólo cuando el conflicto se resuelve primero puede haber una buena relación sexual.

Es esencial comunicarse con gentileza, y también decir al cónyuge lo que uno piensa y siente. Acuérdate de que nadie puede leer tu mente. Si tú no quieres tener relaciones sexuales por cualquier razón, o si te sientes rechazado o despreciado, o si tú quieres evitar el amor, usa el Arco Iris de la Comunicación y el Ciclo de la Comunicación para decirlo a tu esposo o esposa. Tú eres responsable de expresar lo que sientes, y tu cónyuge es responsable de escucharte y comprenderte. Con cariño y respeto, consideren los deseos de ambos.

6. ¿Por qué va dejando de interesarme la relación sexual?... ¿Qué puedo hacer para desear íntimamente a mi cónyuge?... ¿La relación sexual es sólo el acto de penetración o hay otras cosas que forman parte de ella?... ¿La creatividad en la relación debe consultarse con su pareja o puede ser espontánea sin herir al cónyuge?... ¿Las caricias íntimas con las manos en partes íntimas están bien vistas?... ¿Cómo ser creativos en la relación sexual para evitar la rutina?... ¿Cómo mantener el romance siempre?

No es normal que vaya dejando de interesarte la relación sexual, aunque es posible que durante tiempos de concentrada creatividad, cuando la energía se invierta en algún trabajo especial, haya menos interés en el acto sexual. Te aconsejamos que tú mismo busques la respuesta dentro de tu ser. Una cosa que puedes hacer para desear más a tu cónyuge es conversar con él o ella acerca de cómo pueden agradarse más el uno al otro para que cada uno se satisfaga al máximo. La comunicación es esencial.

Luego, la preparación para el acto sexual es importante. Se necesita una tierna relación antes y después del acto sexual. Durante el día cultiven la intimidad. Cuídense mutuamente, para que los dos se sientan seguros y amados. Cuando se acuesten sean aseados de cuerpo y boca. Quizás deseen ponerse un poco de perfume o escuchar su música favorita. Hacer el amor con luz o sin luz. Siempre oren el uno por el otro antes de comenzar, pidiendo a Dios que les ayude a bendecirse mutuamente. Nuestro Padre celestial dijo que los dos serían una sola carne porque Él realmente quería bendecirnos a través de nuestra sexualidad. Por eso, le invitamos a bendecir a su cónyuge en el acto sexual. Así colocamos todo aspecto de nuestra vida bajo la soberanía de Dios.

También, es importante que los dos enfoquen sus pensamientos el uno en el otro, entregándose enteramente a su pareja. A la vez, cuanto más disfrutan y gozan de sus sentimientos individuales, más disfrutarán del orgasmo compartido. Conviene que cada uno informe al otro cuáles caricias le agradan, le estimulan, y le dan mayor placer.

Si cada cónyuge conoce su propio cuerpo, las partes más eróticas y las caricias que más le gustan, si avisa a su pareja de ellas, y toma responsabilidad para guiar las manos del cónyuge hacia esas partes, buscando su mayor complacencia y realización, y si los dos se ponen de acuerdo para avisar al otro inmediatamente cuando un toque no le agrada, el resultado será mayor placer para ambos.[1]

1. Clifford L. y Joyce J. Penner, *The Gift of Sex*: Word, Inc., Waco, Texas, 1981. Este libro es excelente: instructivo, cristiano, liberador. También contiene ejercicios que la pareja puede practicar para realizarse más.

Aprenderán a experimentar el orgasmo simultáneamente más fácilmente si su meta es dar placer el uno al otro y a sí mismo a través de una experiencia amplia y cariñosa, prestando atención a los sentimientos físicos y psicológicos de cada uno. Con la edad los lubricantes naturales del cuerpo disminuyen. Por eso, un poco de lubricante con base de agua puede suplir lo que falta.

El acto sexual es más que un hecho físico. Uno se da al otro enteramente. El regalo más grande que uno puede dar a otro es sí mismo. Por eso, el acto sexual es una experiencia íntegra que incluye cuerpo y espíritu.

Si hacen estas cosas, a través de los años sus relaciones sexuales llegarán a ser más y más hermosas. Terminarán exclamando: "¡Ésta fue la más bella hasta ahora!" Después de haber compartido, es bueno que los dos den gracias a Dios, la fuente del amor. Es un acto precioso y muy sagrado. ¡Háganlo una fiesta!

NOTA: El uso de bebidas alcohólicas contribuye a la disminución del interés en las relaciones sexuales. Incluso, según estudios científicos es una causa de la impotencia sexual.

7. ¿Cuál sería normalmente el número de relaciones sexuales a la semana?

   Quizás una o dos veces por semana. Sin embargo, todos somos diferentes. Nuestra actividad sexual no determina nuestro valor. En tiempos de mucha actividad y creatividad es normal que el número de veces disminuya.

8. ¿Por qué uno siente mucho cansancio al tener muchas relaciones sexuales? En caso de cansancio físico, ¿qué es más recomendable: esforzarse para agradar al otro o explicarle?

   Siempre es necesario comunicar nuestros pensamientos y sentimientos a nuestro cónyuge. La persona que siente mucho cansancio tiene la responsabilidad de decirlo al cónyuge. Las relaciones sexuales deben ser para alegrarse, no para frustrarse. Sin embargo, en caso de cansancio físico, nuestra recomendación es la honestidad mutua y la postergación de la experiencia hasta el momento cuando ambos estén listos.

   Esta pregunta se hace con mucha frecuencia. Es tan común que quizás debemos preguntar por qué la mujer está tan cansada. ¿Es que demasiado del trabajo del hogar se deja para ella? Quizás si el esposo le ayudara más cuando él llega a casa, ella no estaría tan cansada y los dos podrían disfrutar de relaciones sexuales con más frecuencia y obtener un mayor placer. La regla de oro funciona en todo aspecto de la vida.

9. ¿Cómo lograr controlar la culminación de la relación sexual para que no ocurra antes de que la esposa esté lista para disfrutar plenamente? ¿Cómo podemos hacer para llegar juntos al clímax? ¿Qué tipo de motivación es la más adecuada para que ambos disfruten de una relación sexual y así evitar que un cónyuge quede frustrado? ¿Para que nuestra relación sexual no se vuelva rutinaria? ¿Por qué la mujer no puede llegar al orgasmo a través de la penetración? ¿Cómo puedo hacer entender a mi marido que yo no puedo llegar y tener relaciones tan rápido como él? ¿Por qué cuesta tanto comprenderse en el área sexual? ¿Qué piensan de múltiples orgasmos?

Quizás Dios quiere que a través de nuestras diferencias físicas aprendamos a tener más ternura y compasión el uno por el otro, y que crezcamos espiritualmente. El cuerpo de la mujer es distinto del hombre, y responde más lentamente. La intimidad expresada durante el día, y las caricias suaves en zonas placenteras de su cuerpo, en la noche (especialmente el clítoris y partes de la vagina), la preparan para el orgasmo. Más bien, el pene del hombre se estimula más fácilmente y llega al punto de la eyaculación más pronto. Sin embargo, el hombre puede aprender a esperar hasta que su esposa esté lista para compartir el orgasmo. Pablo escribe: "Ninguno busque su propio bien, sino el del otro" (I Corintios 10:24).

Lleva tiempo, paciencia y práctica, pero vale la pena, porque cuando ambos llegan al orgasmo simultáneamente es más delicioso para **ambos** cónyuges. Además, llega a ser más y más rico con el correr del tiempo. ¡Lo mejor está todavía por venir!

Sin embargo, aconsejan los esposos Penner, no se preocupen si no logran el orgasmo simultáneo cada vez. En tales ocasiones, si quieren, por acariciar y dar placer el uno al otro, los dos pueden experimentar el orgasmo individualmente. Una pareja puede tener una relación sexual satisfactoria sin tener orgasmos simultáneos. Dios ha creado nuestros cuerpos en tal forma que el hombre puede alcanzar otro orgasmo después de una media hora o unas horas de interludio. La mujer puede experimentar una serie de orgasmos casi sin esperar, si así ella desea.[1]

10. Cuando se tienen muchas relaciones sexuales, ¿cómo puede la mujer cuidarse para no contraer cáncer?

El cáncer no se contrae por tener relaciones sexuales entre esposos. Sin embargo, en caso de promiscuidad de parte de uno u otro, sí, el cónyuge promiscuo puede infectar a su pareja con enfermedades sexuales, y/o SIDA. Dios nos manda la fidelidad matrimonial porque nos ama y quiere protegernos de tales enfermedades.

11. En períodos de menstruación, embarazo o cualquier tipo de problema en la mujer, ¿es posible usar formas creativas para hacer que el esposo pueda tener su orgasmo sexual? Por ejemplo, ¿el sexo oral, pero sin que el esposo eyacule en la boca? ¿O caricias de diferentes tipos de posiciones que faciliten mayor placer tanto en el hombre, como en la mujer? ¿Hasta dónde es lícito acariciarnos, descubrirnos, amarnos, buscarnos, en nuestra sexualidad? Diferenciar los límites dentro de la relación sexual.

Sí, es posible usar formas creativas, pero: (1) siempre buscando maneras de satisfacer las necesidades de ambos; (2) siempre tomando en cuenta la salud y el placer de ambos. Si se emplea el sexo oral, tiene que ser hecho por acuerdo mutuo y con muchísimo aseo personal. Es bueno respetar los deseos del cónyuge más conservador. (3) Por supuesto, experimenten y busquen las caricias mutuas y posiciones diferentes que traen mayor placer a ambos.

La vejiga y todo el aparato urinario son esterilizados, y cuando no hay infección, son libres de todo microorganismo. La vagina sí tiene microorganismos presentes, pero su propósito es proteger la vagina de toda infección.[2]

---

1. Ibid, página 175.

2. Ibid, páginas 60-61.

12. Sé que son indebidas las relaciones durante la menstruación, pero no sé por qué.

    Quizás hay varias razones: (1) por la higiene; (2) porque la mujer no se siente bien ni física ni emocionalmente, y si es así, no es tan placentero, ni es una expresión de amor tener una relación sexual en estas condiciones (Ezequiel 18:5,6,9).

13. En la relación sexual, ¿es el hombre el que debe llevar la iniciativa?

    No necesariamente, sino ambos. A veces es muy lindo que la mujer tome la iniciativa. Puede ser una sorpresa muy agradable para el varón.

14. Todo es permitido dentro de la intimidad matrimonial? ¿El sexo anal está mal? ¿Qué piensan acerca del amor anal? ¿La Biblia establece o pone límite en la relación sexual en la pareja?

    San Pablo escribió: "Todo me es lícito, pero no todo edifica" (I Corintios 10:23). El sexo anal parece ser una perversión de la creación de Dios. Por la higiene de la pareja, no es aconsejable la relación sexual anal. Dios creó el pene para la vulva y la vagina que tienen zonas placenteras y cuando están estimuladas conducen al orgasmo en la mujer. No es así con el ano. Está muy contaminado con microorganismos que pueden producir enfermedades. Se acuerdan de que nuestra sexualidad tiene cuatro facetas: identidad, intimidad, sensualidad, y reproducción. Dios creó nuestros cuerpos para que la pareja pudiera compartir el placer mutuo en la forma más excelente y a la vez producir una nueva generación.

15. ¿Es lícito incentivar la relación sexual con cosas externas?

    Otra vez recordamos las palabras de San Pablo: "Todo me es lícito, pero no todo edifica" (I Corintios 10:23). La pregunta no es muy clara. No se sabe a qué se refieren las palabras "cosas externas". Si la persona que hace la pregunta está pensando en la pornografía, evidentemente no es aconsejable. Le invito a leer de nuevo Nº 2, página 126. Si una pareja verdaderamente está enfocada en cultivar la intimidad, la vista y el pensamiento del amado debe ser suficiente para incentivar a ambos cónyuges.

16. Sobre lo que la palabra llama 'mancillar': ¿Pueden explicar a qué grado llega la prohibición delante del Señor? La participación de la mujer en el púlpito cuando está con menstruación, ¿es falta? Sobre la Cena del Señor, quisiera saber si uno puede tener relación sexual antes de la Cena. ¿Está permitido el acto sexual durante el ayuno?

    ¿Recuerdan la enseñanza sobre "Un nuevo modelo para comprender la sexualidad"? Comenzamos haciendo referencia a Génesis 1:31 que dice: "Y vio Dios todo lo que había hecho, y he aquí, que era bueno en gran manera." Cuando Dios finalizó su creación, exultó, se maravilló, se regocijó diciendo: "¡Todo lo que he hecho es muy bueno, buenísimo!" Sin embargo, los judíos de la antigüedad, como muchos otros pueblos, en su prejuicio e ignorancia, creían que la menstruación era sucia e impura.

    Luego, vino Jesús, él por medio de quien y para quien todo fue creado, y él, como Creador, restauró todo (Colosenses 1:16). ¿Se acuerdan de la mujer con flujo de sangre? (Lucas 8:40-56). Por doce años era considerada intocable, impura por su enfermedad. Era contra la ley estar entre la multitud, asociarse con otros. Seguramente fue una experiencia aterrorizadora ser descubierto por el Gran Médico. Pero Jesús no se calló. Más bien, aprovechó la oportunidad para sanarla, bendecirla, y dar a conocer que él no la consideraba impura, sino una hija preciosa ante los ojos de Dios.

En los evangelios según San Marcos y San Mateo, Jesús hace muchas referencias al corazón (Mateo 7:1-23; Marcos 15:16-20). Subraya que lo que contamina a una persona, lo que la hace impura, es lo que sale de su corazón. También, Jesús dice a sus discípulos en Juan 15:3: "Ya vosotros estáis limpios por las palabras que os he hablado."

Dios nos bendijo y nos bendice en nuestra sexualidad. Por eso, la mujer o el hombre con corazón limpio está bendecido en el púlpito y a la mesa del Señor. Si el esposo o la esposa quiere ayunar para dedicarse a la oración, es su decisión.

17. ¿Cómo prepararnos para la menopausia?

La menopausia se refiere a la última menstruación. La pregunta en realidad corresponde al concepto de climaterio.

Es una etapa de la vida de la mujer con muchos aspectos positivos contrariamente a lo que se sugiere en la pregunta, pero es conveniente conocer cuáles son sus aspectos **negativos**: Pueden aparecer "sofocos", "tuforadas" de calor, algunos trastornos gastrointestinales, estados psíquicos depresivos o melancólicos, sequedad de la mucosa vaginal con algunos trastornos genitales y sexuales, como es la dispareunía, prurito vulvar, osteoporosis por descalcificación, o sea con riesgo de fracturas si no se trata o previene, alteraciones del perfil lipídico con aumento de triglicéridos que favorecerán la aparición de cardiopatías coronarias.

La **prevención** se realiza con una correcta alimentación rica en calcio, vitamina D, ejercicios o caminatas, sedantes naturales u otros, y si fuera necesario hormonas, estrógenos —que tienen algunos riesgos—y progestágenos.

Esta etapa tiene que ser considerada positivamente, ya que los trastornos son de poca intensidad y muy tratables, no produciéndose una disminución del deseo sexual, manteniéndose hasta mucho tiempo después una vida sexual satisfactoria. Algunas mujeres mejoran su sexualidad (seguramente por no tener riesgo de embarazo). Además, se produce en un período en que la pareja puede dedicarse el uno al otro con mayor tiempo y a realizar tareas que pudieron aspirarse hace mucho y no fue posible por falta de oportunidad de uno y otro.

APÉNDICE B

EL TALLER DE ENRIQUECIMIENTO MATRIMONIAL (TEM)

♥♪♥

EJERCICIOS Y FORMULARIOS

FORMULARIO:

ETAPA II:

ETAPA III:

ETAPA IV:

ETAPA V:

REGISTRO DE PARTICIPANTES

Taller ____________________ Lugar ____________________________________ Fecha ________________

Nombres y apellidos	Dirección Postal	Teléfono/Fax	Iglesia/Agrupación
1			
2			
3			
4			
5			
6			
7			
8			
9			
10			
11			
12			

CINCO CARACTERÍSTICAS DEL MATRIMONIO CRISTIANO

TEM (Nivel I): Ejercicio Nº 1, Etapa II

♥♪♥

Se invita a cada persona a iniciar una autoevaluación en cuanto a su parte en la relación matrimonial y poner un círculo alrededor del número que mejor describe su situación frente a las cinco características. Usaremos la siguiente escala de evaluación.

Nº 1 significa **necesito comenzar a crecer** (recién me doy cuenta)
Nº 2 significa **deseo crecer** (intención sin acción)
Nº 3 significa **me comprometo a crecer** (intención con plan de acción)
Nº 4 significa **estoy enfocado** y **ya creciendo** (acción reciente)
Nº 5 significa **me siento muy fuerte** y **seguiré creciendo** (acción prolongada)

(1) 'El hombre dejará a su padre y a su madre' significa la necesidad de la definición propia, **la separación de las familias de origen**.

1 2 3 4 5

(2) 'No lo separe el hombre' significa que la intención de Dios para nosotros siempre ha sido **una relación matrimonial permanente**.

1 2 3 4 5

(3) 'Lo que Dios ha unido' significa que el Dios de amor es el autor y la fuente de la unidad matrimonial, y nosotros podemos amarnos solamente al grado **que estemos fundados y arraigados en su amor**.

1 2 3 4 5

(4) 'Los dos serán una sola carne' significa que el desafío mayor de la pareja es que mientras busquen **un equilibrio entre la individualidad y la unidad**, aprendan a vivir la regla de oro.

1 2 3 4 5

(5) 'Hombre y mujer los creó' significa que la meta del matrimonio cristiano es vivir juntos para la gloria de Dios su Creador, **juntos vivir para amar y servir a Dios y al prójimo**.

1 2 3 4 5

INVENTARIO DEL POTENCIAL MATRIMONIAL[1]

TEM (Nivel I): Ejercicio Nº 2, Etapa II

♥♪♥

Cada cónyuge, trabajando individualmente, califica por una escala de 1 (poca satisfactoria) a 10 (muy satisfactoria) su evaluación de su relación matrimonial actual con respecto a los factores aquí nombrados.

1. Metas y valores comunes ________
2. Compromiso para crecer ________
3. Capacidad para comunicarse ________
4. Empleo creativo del conflicto ________
5. Aprecio/cariño ________
6. Acuerdo sobre papeles masculinos y femeninos ________
7. Realización en lo sexual ________
8. Cooperación/trabajo en equipo ________
9. Manejo del dinero ________
10. Toma de decisiones ________
11. Crianza/disciplina de los hijos ________

---

1. Adaptado y usado con permiso de A.C.M.E., P.O. Box 10596, Winston-Salem, N.C. 27108.

ASPECTOS POSITIVOS DE NUESTRA RELACIÓN MATRIMONIAL[1]

♥♪♥

TEM (Nivel I): Ejercicio Nº 3, Etapa II

Cada uno completa las tres frases e intercambian sus hojas para leer lo que ha escrito su cónyuge. Luego conversen sobre lo escrito. El énfasis siempre está en los aspectos positivos de su relación matrimonial y qué harían para mejorarla.

1. Tres cosas que me gustan de nuestro matrimonio...

2. Tres cosas buenas en nuestra relación, pero que podrían ser mejor...

3. Tres cosas que estoy dispuesto a hacer para que mejore nuestra relación matrimonial...

1. Adaptado y usado con permiso de A.C.M.E., P.O. Box 10596, Winston-Salem, N.C. 27108.

LOS SENTIMIENTOS

TEM (Nivel I): Ejercicio Nº 1, Etapa III

Aquí tienen una lista de palabras que describen los sentimientos para ayudarles a hablar con precisión acerca de lo que sienten.

abandonado
aburrido
acelerado
aceptado
afectuoso
afirmado
afligido
agradecido
agredido
agresivo
aislado
alarmado
alegre
amado
amargado
amenazado
animado
anonadado
ansioso
apasionado
aplastado
apoyado
astuto
aterrado
atontado
audaz
avergonzado
bendecido
calmado
caluroso
cansado
capaz
caprichoso
celoso
cobarde
competente
complacido
confiado
confundido
conmovido
contento
creativo
curioso
débil
decaído
decidido
deprimido
desafiado
desanimado
descontento
deseoso
desesperado
desnudado
dichoso
distante
dolorido
dudoso
egoísta
enfermo
enojado
envidioso
escéptico
espantoso
estático
estimado
estimulado
evasivo
expuesto
fascinado
feliz
firme
frío
frustrado
fuerte
furioso
gozoso
herido
hipócrita
histérico
honrado
humillado
impaciente
importante
impulsivo
incapaz
incómodo
indefenso
indiferente
indignado
infeliz
inquieto
inseguro
inspirado
intolerante
intranquilo
inútil
irritado
jubiloso
juguetón
ligero
lloroso
maduro
maravilloso
melancólico
miedoso
molesto
negado
nervioso
ofendido
olvidado
optimista
orgulloso
paralizado
patético
pequeño
perplejo
pesimista
preocupado
protegido
provocado
quebrantado
realizado
rechazado
relajado
rencoroso
renovado
repugnante
resentido
respetado
resuelto
satisfecho
seguro
sensual
sereno
simpático
sin valor
sincero
solitario
solo
soñador
suspicaz
temeroso
tenso
terco
terrible
tierno
tímido
tranquilo
triste
útil
vacío
valiente

SE DESARROLLA LA CAPACIDAD DE DARSE A CONOCER

TEM (Nivel I): Ejercicio Nº 2, Etapa III

Cada persona pensará en el desafío/asunto en cuestión/tema "Planeamos un día de familia" y formulará oraciones comenzando con "yo" para expresarse en relación con el tema:

1. Dos **informaciones** (percepciones físicas, espirituales y psicológicas):
   Yo veo... oigo... huelo... saboreo... toco...
   Yo percibo...observo...noto...

2. Dos **reflexiones**:
   Yo pienso... creo... entiendo...
   Yo opino... me imagino...

3. **Su importancia** (dos ejemplos):
   Significa para mí...
   Esto tiene _______ importancia para mí...

4. Dos **sentimientos** (emociones):
   Me siento...
   Yo siento...

5. Dos **expectativas**:
   Yo espero...

6. Dos **necesidades**:
   Yo necesito...

7. Dos **deseos** (para mí, para mi cónyuge, para otros):
   Yo deseo...
   Yo quiero...

8. Dos **intenciones**:
   Yo me comprometo...
   Mi intención es...
   Me propongo...

9. Dos **acciones**:
   Yo hago...
   Yo hice...
   Yo voy a hacer...

EL CICLO DE LA COMUNICACIÓN

TEM (Nivel I): Ejercicio Nº 3, Etapa III

I. **El cónyuge emisor manda un mensaje, dándose a conocer.**

1. ***I*nformación:** Percepciones que recibo por mis cinco sentidos físicos, y con mis sentidos espirituales y psicológicos. Yo veo... escucho... observo... noto... percibo...
2. ***R*eflexiones:** Yo recuerdo... pienso... entiendo ... creo... opino...
3. ***I*mportancia:** Significa para mí...Esto tiene _______ importancia para mí...
4. ***S*entimientos:** (emociones): Me siento...Yo siento...

5. ***E*xpectativas:** Yo espero...
6. ***N*ecesidades:** Yo necesito...

7. ***D*eseos:** (para mí, para mi cónyuge, para otros): Yo quiero... deseo... anhelo...
8. ***I*ntenciones:** Yo me comprometo... Mi intención es... Me propongo...
9. ***A*cciones:** Yo hago... hice... voy a hacer...

II. **El cónyuge receptor escucha y resume.**

1. **Presta atención**: El receptor escucha activamente con mente, corazón, y cuerpo para comprender el punto de vista del emisor. Observa las expresiones verbales y no-verbales.
2. **Resume**: Después de cada 1 ó 2 oraciones, resume lo escuchado para estar seguro de haber entendido correctamente. 'Yo te entendí decir...', 'Yo entendí que decías...' Resumir es clave para la comunicación.
3. **Pregunta**: '¿Esto es lo que querías decir?', '¿Entendí bien?...'

III. **El cónyuge emisor responde.**

1. **Confirma**: 'Sí, me entendiste bien.', 'Correcto...',
2. **Clarifica**: 'Además dije...', o
3. **Corrige lo entendido**: 'Permíteme explicarte de nuevo.'

IV. **El cónyuge receptor invita al emisor a que diga más**
'¿Qué más quieres decirme?', '¿Qué más?', '¿Hay algo más?'

1. Hasta **escuchar todo** lo que el emisor quiere decir sobre el asunto en cuestión, o
2. Hasta completar el **tiempo** acordado y disponible.
3. Luego, los dos **cambian papeles**. Así se cumple el Ciclo de la Comunicación.
4. En caso de que venga a la mente del cónyuge receptor una idea candente que quiere compartir con el emisor cuando le toque hablar, puede anotarla en un papel en forma abreviada sin dejar de escuchar al emisor.

EL ARCO IRIS DE LA COMUNICACIÓN

TEM (Nivel I): Ejercicio Nº 4, Etapa III

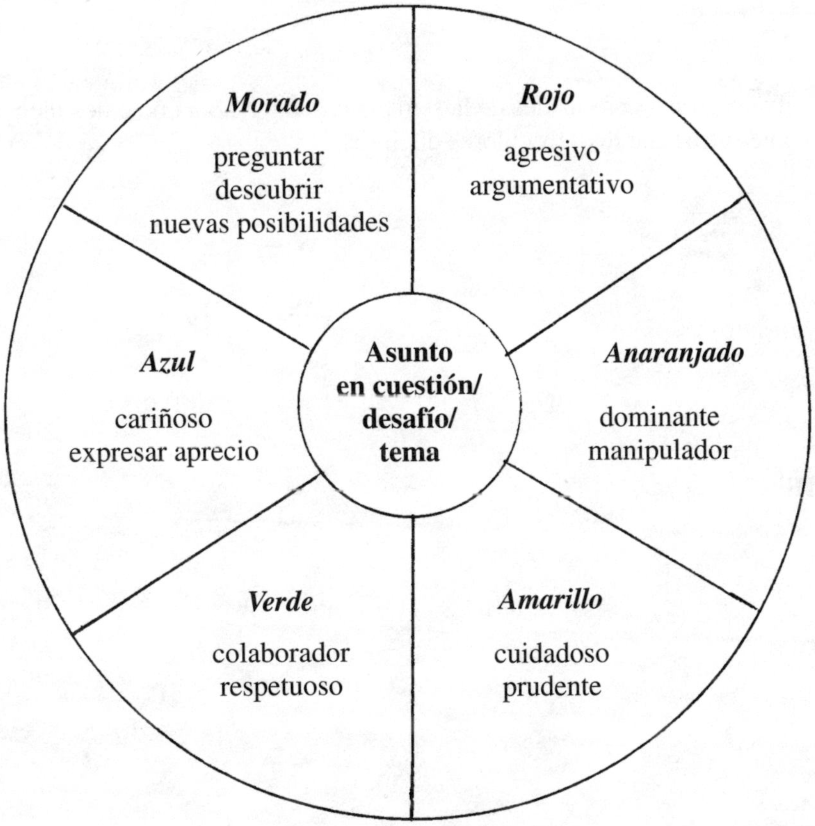

Los seis colores del Arco Iris indican:

1. El **punto de vista** o la **posición** del cónyuge emisor,
2. La posible variedad de **impresiones** (positivas y negativas) de cada intercambio,
3. El **matiz del significado** de las expresiones verbales o no-verbales,
4. La **actitud** o el **intento** del cónyuge emisor, y
5. La **emoción** (gestos, tono de voz, expresión de cara) del cónyuge emisor.
6. El **grado de autorresponsabilidad** del emisor.

---

1. Adaptado y usado con permiso de los esposos Phyllis y Randy Michael: The Communication Rainbow. 1994. 14385 S.W. 80th Place, Tigard. OR. 97224. Derechos reservados.

MI USO DEL ARCO IRIS DE LA COMUNICACIÓN

♥♪♥

TEM (Nivel I): Ejercicio Nº 5, Etapa III

Acuérdate de tus conversaciones conyugales de la semana pasada. Anota uno o dos mensajes que dirigiste a tu cónyuge en los cuales utilizaste los seis colores distintos.

Agresivo (Rojo)

Dominante (Anaranjado)

Cuidadoso (Amarillo)

Colaborador (Verde)

Cariñoso (Azul)

Preguntar (Morado)

¿Cuáles colores del **Arco Iris** o actitudes predominan en tu parte de la relación con tu cónyuge?

¿Qué cambios quieres hacer en tu uso de los seis colores?

¿DE VERAS NOS CONOCEMOS?

♥♪♥

TEM (Nivel I): Ejercicio Nº 6, Etapa III

A veces creemos conocernos más de lo que realmente nos conocemos. Si no nos conocemos, es imposible comprendernos. Este ejercicio nos brinda una oportunidad para conocernos mejor. Les invitamos a contestar esta serie de cinco preguntas individualmente, y luego conversar acerca de cada respuesta, buscando profundizar la mutua comprensión.

1. ¿Cuál es la mayor preocupación de **tu cónyuge** actualmente?

2. ¿Cuál es **su** mayor necesidad no material?

3. ¿Cuál es **su** sueño dorado?

4. ¿Cuál es una de **sus** quejas más frecuentes?

5. ¿Qué área nueva de la vida **le** gustaría desarrollar?

Pónganse a conversar acerca de cada respuesta, buscando profundizar la mutua comprensión. Luego conteste las siguientes preguntas individualmente.

6. ¿Cómo puedo apoyar más a **mi cónyuge** en por lo menos una de estas cinco áreas?

7. ¿Qué puedo hacer yo, para valorar más a **mi cónyuge** en nuestra relación matrimonial?

EL CICLO DE LA COMUNICACIÓN
PLAN DE ACCIÓN TEM

❤♪❤

Tema tratado: ______________________________ **Fecha:** ____________

Acuerdo logrado: ______________________________

Compromiso adquirido: **Fecha de seguimiento:**

1. ¿Qué se acordó hacer?
   Esposo: ____________
   Esposa: ____________
   Otros: ____________

2. ¿Cómo lo pienso cumplir?
   Esposo: ____________
   Esposa: ____________
   Otros: ____________

3. ¿Dónde pienso cumplirlo?
   Esposo: ____________
   Esposo: ____________
   Otros: ____________

4. ¿Cuándo voy a cumplir lo acordado?
   Esposo: ____________
   Esposa: ____________
   Otros: ____________

5. ¿Quién lo va a cumplir?
   Esposo: ____________
   Esposa: ____________
   Otros: ____________

6. ¿Con qué recursos?
   Esposo: ____________
   Esposa: ____________
   Otros: ____________

______________________ Firma del esposo

______________________ Firma de la esposa

______________________ Firma de otros

PUENTES PARA LA COMUNICACIÓN EFICAZ[1]

TEM (Nivel I): Ejercicio Nº 8, Etapa III

♥♪♥

1. Escoger una hora y crear un ambiente apropiado para escucharse. Librarse de toda distracción.
2. Prestar atención y escucharse como si el éxito de su familia estuviera en peligro.
3. Apreciar las opiniones y los derechos del otro. En la comunicación humana, puede haber distintos e igualmente válidos puntos de vista.
4. Tratar a cada persona y cada situación como si fueran únicas.
5. Escuchar con el oído interior (el corazón) el mensaje detrás de las palabras.
6. Procurar ver la vida desde la perspectiva del otro.
7. Ser cortés y usar una voz amable.
8. Continuamente ampliar su comprensión del otro.
9. Confiar en su cónyuge y comunicárselo.
10. Aceptar con mente abierta lo que el otro dice, aunque no esté de acuerdo.
11. Estar muy atento y aceptar las emociones positivas y negativas del otro.
12. Edificar y mantener una atmósfera de respeto, no interrumpirse.
13. Ser paciente.
14. No ofrecer al otro consejos no solicitados, ni crítica, sino ayudarle a encontrar sus propias respuestas y soluciones.
15. Aceptar que el otro tiene pensamientos y sentimientos privados.
16. No es aconsejable decir todo lo que uno piensa. Hay que escoger qué decir y buscar maneras edificantes para expresarse.
17. Antes de expresar un mensaje negativo debes preguntarte cuatro cosas: '¿Es verdad?', '¿Es la hora propicia?', '¿Es de utilidad?', '¿Enriquece nuestra relación?' Si la respuesta a cualquiera de estas preguntas es 'no', es mejor no decirlo.
18. Expresar y adueñarse de sus percepciones, reflexiones, valores, sentimientos, expectativas, necesidades, deseos, intenciones y acciones, enviando mensajes que comiencen con 'yo'.
19. Evitar el uso de las palabras 'siempre' y 'nunca', cuando se trata de una exageración.
20. Evitar el uso de 'por qué' cuando se trata de justificar reacciones y emociones. 'Por qué' se usa sólo para conseguir más datos acerca de algo, y jamás para culpar. Sería preferible preguntar: "¿Qué pasó/ocurrió?"
21. Aprender del pasado, pero buscar enfocar su comunicación mayormente en el presente y el futuro.

---

1. Adaptado y usado con permiso de A.C.M.E., P.O. Box 10596, Winston-Salem, N.C. 27108.

10 y 10: CUANDO ME ENOJO[1]

TEM (Nivel I): Ejercicio Nº 9, Etapa III

Ahora les toca pensar con su cónyuge sobre el tema "Cuando me enojo" (causas, sentimientos, acciones y deseos) y así realizar su "10 y 10". Compartan entre cónyuges, frente a frente, alternando, un tema a la vez. Usan el **Ciclo de la Comunicación**. Tendrán unos cinco minutos para tratar cada tema.

1. **Causas**: ¿Qué situaciones provocan en mí enojo contra ti?

2. **Sentimientos**: ¿Qué otros sentimientos surgen en mí cuando estoy enojado contigo?

3. **Acciones**: ¿Cómo me comporto cuando estoy enojado contigo?

4. **Deseos**: ¿Cómo quisiera haber actuado en momentos en que me sentí enojado contigo?

1. Adaptado y usado con permiso de A.C.M.E., P.O. Box 10596, Winston-Salem, N.C. 27108.

PROCESAR EL ENOJO

TEM (Nivel I): Ejercicio Nº 10, Etapa III

♥♪♥

1. **Antes del conflicto y entre conflictos:**

   a. Afirmamos y edificamos la relación
      » practicar la regla de oro
      » amarnos como Jesús nos ama
      » cultivar la comunicación
      » valorarnos mutuamente

   b. Cuando hay desacuerdo o conflicto, antes de que surja el enojo, ser el primero en decir:
      "Yo te quiero escuchar."

   c. Reconocer y aceptar nuestros enojos
      » acordar no atacar al otro
      » el dominio propio es clave

2. **En el momento del conflicto:**

   a. El enojo es una emoción normal; admitirlo
      "Estoy enojado"

   b. Cada uno pedirá al otro ayuda
      "Ayúdame a procesar el enojo"

   c. Buscar la emoción primaria detrás del enojo; compartirla y escucharse sin interrumpir
      "Buscar la emoción primaria, compartirla y escucharse"

   d. Perdonarse mutuamente
      "Perdóname... te perdono"

CUATRO OPCIONES PARA RESOLVER LOS DESACUERDOS[1]

♥♪♥

TEM (Nivel I): Ejercicio Nº 11, Etapa III

CAPITULACIÓN

Uno se somete a lo que el otro quiere.
Debe ser un acto libre, sin resentimiento.
Debe haber reciprocidad.
El otro debe aceptar la decisión de quien capitula.
Esto es "un regalo de amor".

TRANSACCIÓN

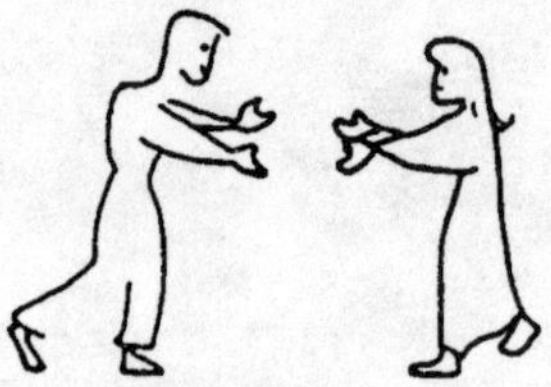

Cada uno cede en algo por el bien de la relación, la equidad. También la transacción debe ser otorgada y aceptada libremente, con gracia.

COEXISTENCIA

Ponerse de acuerdo en que puede haber desacuerdos. Cada uno reconoce que el otro tiene el derecho de pensar y desear en forma distinta del otro y acepta que el otro puede elegir un camino diferente.

CREAR UNA NUEVA POSIBILIDAD

Esta opción final permite que los cónyuges trabajen juntos para descubrir nuevas soluciones en las cuales ni el uno ni el otro había pensado antes. Pueden compartir una lluvia de ideas, juntos explorar todas las opciones posibles (¡hasta 5 ó 10!), usar su imaginación y divertirse haciéndolo. Después de considerar todas las opciones cuidadosamente, pueden llevarlas a Dios, la cabeza de la familia, pidiendo su dirección final. ¡Dios se la dará!

---

1. Adaptado y usado con permiso de A.C.M.E., P.O. Box 10596, Winston-Salem, N.C. 27108.

¿CÓMO RESOLVEMOS LOS CONFLICTOS?[1]

♥♪♥

TEM (Nivel I): Ejercicio Nº 12, Etapa III

1. ¿Cuáles de las cuatro opciones de resolución empleamos con mayor frecuencia para resolver nuestros conflictos?

2. Habiendo utilizado estas opciones nombradas, ¿qué resultados hemos experimentado en resolver nuestros conflictos?

3. ¿Qué otras opciones quisiera yo poner en práctica en cuanto a nuestro proceso de resolución?

4. ¿Qué haré para mejorar nuestro proceso de resolver el desacuerdo?

1. Adaptado y usado con permiso de A.C.M.E., P.O. Box 10596, Winston-Salem, N.C. 27108.

FUERZA SUFICIENTE PARA RESOLVER EL CONFLICTO CON PROVECHO[1]

♥♫♥

TEM (Nivel I): Ejercicio Nº 13, Etapa III

Además de emplear los principios preventivos para el 'Uso creativo del conflicto' de:

(1) Procesar el enojo y
(2) Resolver el desacuerdo.

Aquí hay quince pautas más para ayudarles a manejar el enojo y el conflicto en una manera positiva y así llegar a una intimidad mayor.

1. Estar atento a tus propias quejas y hostilidades.
2. Ser honesto con tus sentimientos.
3. Escuchar al cónyuge sin interrumpir.
4. Ser preciso en cuanto a los hechos.
5. Escoger una buena hora para resolver el asunto.
6. Posponer solamente hasta una hora bien definida del mismo día.
7. Comprometerse a resolver el conflicto lo antes posible.
8. Escoger los temas, uno a la vez.
9. Enfrentarse con el problema, no con el cónyuge.
10. Explorar juntos lo que se puede cambiar y lo que no se puede cambiar.
11. Usar el **Ciclo de la Comunicación:**
    Repetir lo que crees haber escuchado del cónyuge para asegurarte de que has oído bien, y que lo dicho tiene el mismo significado para ambos.
12. Cuando sientas que haya cualquier malentendido o mala interpretación de los mensajes no-verbales, pregunta a tu cónyuge lo que quiere decir.
13. La persona quien primero se da cuenta de que están en conflicto puede notar, "Parece que tenemos un conflicto. Yo te quiero escuchar."
14. No traer las cosas del pasado al conflicto presente.
15. Cuando han llegado a resolver un conflicto y comprenderse, perdonarse mutuamente.

---

1. Adaptado y usado con permiso de A.C.M.E., P.O. Box 10596, Winston-Salem, N.C. 27108.

10 y 10: NUESTRA RELACIÓN SEXUAL[1]

♥♪♥

TEM (Nivel I): Ejercicio Nº 14, Etapa III

En estos momentos tienes 10 minutos para escribir una carta de amor a tu cónyuge sobre el tema "Nuestra relación sexual". Escribe sobre las siguientes tres frases incompletas. Luego, en los 10 minutos siguientes , intercambien cartas y conversen profundamente sobre el contenido de las mismas.

1. Tres cosas que me gustan de nuestra relación sexual;
2. Tres cosas que son buenas en nuestra relación sexual, pero podrían ser mejoradas; y
3. Tres cosas que estoy dispuesto a hacer para que se mejore nuestra relación sexual.

1. Adaptado y usado con permiso de A.C.M.E., P.O. Box 10596, Winston-Salem, N.C. 27108.

EL SEMÁFORO DE LA COMUNICACIÓN

TEM (Nivel I): Ejercicio Nº 15, Etapa III
(Alternativo para el Ejercicio Nº 4, Etapa III)

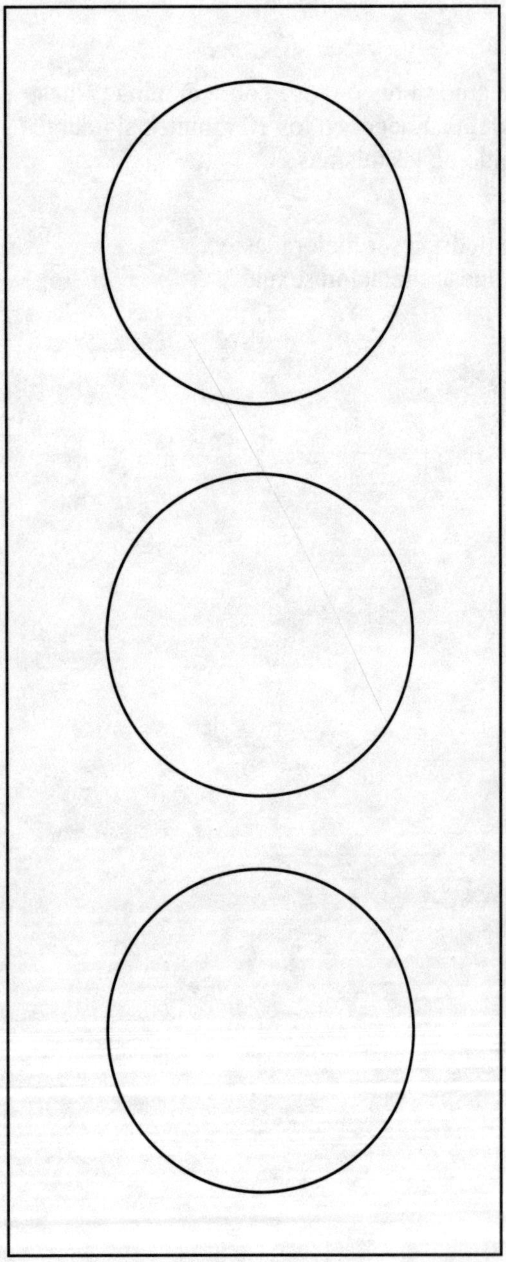

Rojo
agresivo,
argumentativo,
dominante,
manipulador

Amarillo
cuidadoso,
prudente,
preguntar,
descubrir nuevas posibilidades

Verde
colaborador,
respetuoso,
cariñoso,
expresar nuestro aprecio

PLAN DE CRECIMIENTO

♥♪♥

TEM (Nivel I): Ejercicio Nº 2, Etapa IV

1. Qué necesito hacer para mi crecimiento como persona?

Metas:	Acciones:	Fechas de seguimiento:
1.	1.	1.
2.	2.	2.
3.	3.	3.

2. ¿Qué necesito hacer yo para tu crecimiento como persona?

Metas:	Acciones:	Fechas de seguimiento:
1.	1.	1.
2.	2.	2.
3.	3.	3.

3. ¿Qué necesitamos hacer para crecer como pareja?

Metas:	Acciones:	Fechas de seguimiento:
1.	1.	1.
2.	2.	2.
3.	3.	3.
4.	4.	4.

PLAN DE CRECIMIENTO MATRIMONIAL

♥♪♥

TEM (Nivel I): Ejercicio Nº 2, Etapa IV

1. **Esposo:** ¿Qué necesito hacer para mi crecimiento como persona?

Metas:	**Acciones:**	**Fechas de seguimiento:**
1.	1.	1.
2.	2.	2.

Esposa: ¿Qué necesito hacer para mi crecimiento como persona?

Metas:	**Acciones:**	**Fechas de seguimiento:**
1.	1.	1.
2.	2.	2.

2. ¿Qué necesito hacer yo para tu crecimiento como persona? (Esposo para esposa)

Metas:	**Acciones:**	**Fechas de seguimiento:**
1.	1.	1.
2.	2.	2.

¿Qué necesito hacer yo para tu crecimiento como persona? (Esposa para esposo)

Metas:	**Acciones:**	**Fechas de seguimiento:**
1.	1.	1.
2.	2.	2.

3. ¿Qué necesitamos hacer para crecer como pareja?

Metas:	**Acciones:**	**Fechas de seguimiento:**
1.	1.	1.
2.	2.	2.
3.	3.	3.
4.	4.	4.

Firmas: ______________________________ ______________________________

Fecha: ______________________________

© La Asociación para Parejas en Enriquecimiento Matrimonial de América Latina (APEMAL)

♥♪♥

INVITACIÓN

Apreciados ____

Los Talleres de Enriquecimiento Matrimonial tienen un solo propósito: engrandecer el amor conyugal que ya existe entre ustedes dos, es decir, crear mejores matrimonios. Al asistir, cada uno de ustedes está dando a su cónyuge un regalo precioso: **veinte horas** de enfoque en su relación, (cinco sesiones de cuatro horas cada una). Con esta finalidad, **les invitamos** a participar en el Taller de Enriquecimiento Matrimonial que se llevará a cabo:

Lugar____ Fecha __________________

Horario______________________________________

La **pareja facilitadora** para su taller será:

Nombres ____

Teléfono____

El **costo** por pareja será_____________ Este monto incluye_________________________________

____ Las **inscripciones** se realizarán

hasta (fecha)_______________________________ con la **pareja coordinadora local**:

Nombres____

Teléfono____________________________

Si por alguna razón no pudieran asistir, les rogamos darlo a conocer lo antes posible a la pareja organizadora local en la dirección arriba mencionada. Esto con el propósito de poder dar oportunidad a otras parejas. Esperamos contar con su asistencia para así poder compartir esta experiencia de amor conyugal. Gracias.

CONFIRMACIÓN

Con la finalidad de organizar de la mejor forma posible este Taller de Enriquecimiento Matrimonial, solicitamos nos proporcionen sus nombres y dirección, confirmando así su asistencia.

Nombres:____

Dirección:____

Teléfono:____

EVALUACIÓN DEL TALLER DE ENRIQUECIMIENTO MATRIMONIAL

♥♪♥

TEM (Nivel I): Formulario Nº 2, Etapa V

Instrucciones:

Este formato está diseñado para aprender de ustedes y para mejorar el Taller de Enriquecimiento Matrimonial. Sus respuestas pueden ser anónimas. Apreciamos grandemente su colaboración.

1. ¿Cómo se enteró del taller?

2. ¿Cómo califica su experiencia en el taller? Subraye el grado que refleje más de cerca su opinión.

   No muy bueno **Muy bueno**

   1 2 3 4 5 6 7

3. ¿Cómo calificaría a la pareja facilitadora?

   No muy bueno **Muy bueno**

   1 2 3 4 5 6 7

4. ¿Qué tanto aprendió del taller?

   Poco **Mucho**

   1 2 3 4 5 6 7

5. ¿Considera que su matrimonio mejoró y continuará mejorando con la ayuda del taller?

   Poco **Mucho**

   1 2 3 4 5 6 7

6. ¿Recomendaría este taller a sus amigos? ¿Por qué?

7. ¿Cuál de las sesiones encontró más útil? ¿Por qué?

8. ¿Cuál considera menos útil? ¿Por qué?

9. ¿Quiere agregar algún otro comentario o sugerencia? Explicar.

Pareja facilitadora: ____

Fecha: ______________________________

1. Adaptado y usado con permiso de A.C.M.E., P.O. Box 10596, Winston-Salem, N.C. 27108.

APÉNDICE C

♥♪♥

EL TALLER DE ENRIQUECIMIENTO MATRIMONIAL (TEM)

AFICHES (CARTELES, CARTELERAS, PÓSTERS, LÁMINAS)

Sugerencias para la preparación de los afiches:

1. Usar un papel de buena calidad. Pliegos de papel manteca (mantequilla) son durables.
2. Contar el número de líneas requeridas para cada afiche y medir el pliego en partes iguales. O, en un pliego de papel bond, trazar líneas horizontales a 5 cm. de espacio, con el fin de que sirvan como guías (plantilla) de escritura al ser colocadas debajo de los pliegos de papel manteca (mantequilla). También, pueden agregar líneas intermedias (2 cm.) más finas como guías (plantilla) para formar las letras minúsculas. (Esta plantilla sirve para la confección de todos los afiches excepto el del Bosquejo Global de la Sesión II que requiere espacios de 4 cm. Se sugiere que para este bosquejo escriban las líneas en lápiz directamente en el pliego de papel.)
3. Usar marcadores (plumones, fibrones) de colores vivos y de punta ancha con buena letra para que se pueda leer el afiche más fácilmente desde lejos. No usar amarillo para palabras.
4. Al dorso reforzar el contorno con papel enmascarado y luego en la esquina inferior derecha al dorso colocar las iniciales del taller, el número de la sesión y el número correlativo del afiche. Por ejemplo: TEM-II-3. Luego, doblar cada afiche tres veces para el almacenaje, de tal manera que el código quede por fuera y visible, y facilita su uso en el momento propicio.
5. En su afiche del Bosquejo Global, el uso de un color para las enseñanzas (Etapa III), otro color para los ejercicios (Etapas II y IV), y un tercer color para Etapas I y V ayuda a diferenciar las etapas del proceso.
6. Estos afiches pueden ser separados según las cinco sesiones, cada sesión envuelto en otro pliego de papel mantequilla, marcados según la sesión correspondiente, y archivados. Bien cuidados pueden durar por muchos talleres.
7. Para colgar cada afiche se emplean dos anillos de cinta enmascarada. Se dobla un trozo de 7-8 cm. de la cinta con el lado pegagoso por fuera, uniendo los dos puntos de la cinta para formar un anillo bonito. Estos anillos se fijan en las esquinas superiores en el dorso de cada afiche. Luego, el afiche se pega a la pared.
8. ♥♪♥ indica la línea de límite de cada afiche en este apéndice.

♥♪♥

Bosquejo: Sesión I (cuatro horas)

Etapa I: Edificar un sentido de seguridad y comunidad

1. Alabanza
2. Presentaciones
3. Ansiedades y expectativas
4. Felicitaciones y bosquejo
5. Preocupaciones y alegrías
6. Enriquecimiento matrimonial-Su origen y objetivos
7. Cinco etapas del proceso
8. Reglas básicas
9. Historia matrimonial

Descanso

Etapa II: Evaluar nuestra relación actual

1. **Enseñanza**: Cinco características...
2. Ejercicio: Cinco características...
3. Ejercicio: Inventario del potencial matrimonial
4. Ejercicio: Aspectos positivos...
5. Momentos finales

♥♪♥

La Regla de Oro

Así que, todas las cosas que quieras
que tu cónyuge haga contigo,
Así también haz tú con tu cónyuge.

Mateo 7:12
Versión APEMAL

♥♪♥

Enriquecimiento matrimonial

1. Dios desea que haya matrimonios felices.
2. David y Vera Mace: "principios preventivos"
3. 1962-primer taller/1973-A.C.M.E.
4. Lema: Trabajar para alcanzar matrimonios mejores, comenzando con nuestro matrimonio
5. Un hermano...
6. Ingredientes esenciales
7. Un muchacho que quería molestar a una anciana, atrapó a un pajarito... La solución es nuestra.
8. No compararse con otros sino desarrollar su potencial.

♥♪♥

Cuatro ingredientes esenciales

1. Un **compromiso al crecimiento**
   » el crecimiento personal
   » el crecimiento de mi pareja
   » el crecimiento relacional
2. Un **sistema eficaz de comunicación** que nos conduzca a una mayor comprensión mutua.
3. El **uso creativo del conflicto** de manera que ambos sean edificados; y
4. La creación y sostenimiento de **una mayor intimidad** entre esposos.

Tres tipos de experiencias

1. Intelectual
2. Sentimental o emocional
3. Vivencias o 'aprender por hacer'.

♥♪♥

Cinco etapas del proceso del Taller de Enriquecimiento Matrimonial

1. Establecer un sentido de seguridad y comunidad. (Seguridad)
2. Evaluar nuestra relación matrimonial actual. (Autoevaluación)
3. Aprender y usar nuevos conocimientos y habilidades que nos lleven al crecimiento conyugal positivo: (Enseñanzas)
   » La buena comunicación
   » El uso creativo del conflicto
   » Un nuevo modelo para comprender la sexualidad
4. Establecer un plan de crecimiento con metas y acciones claras, y hacer un compromiso mutuo para cumplirlas. (Plan de Crecimiento)
5. Clausura: evaluación del taller, afirmación mutua y celebración. (Clausura)

♥♪♥

Reglas básicas

1. Compartiremos nuestras propias experiencias, no opiniones o teorías. "Yo."
2. No vamos a enfrentarnos, sino afirmarnos mutuamente. Seamos positivos.
3. No estamos aquí para hacer diagnósticos, hacer análisis o dar consejos.
4. Todo lo que las personas comparten en el grupo es confidencial.
5. La puntualidad es necesaria. Cada momento es precioso.
6. Toda participación es voluntaria. Nuestro propio matrimonio es el enfoque en todo.
7. Según vayamos aprendiendo los principios preventivos, practicarlos en el grupo.

♥♪♥

Historia matrimonial

Nombre del esposo
» fecha de nacimiento
» nombres de tus padres y sus oficios
» aprendiste de ellos
» lugar de tu nacimiento
» nombre de tus hermanos y hermanas (incluir el tuyo) en orden de nacimiento
» una experiencia triste de tu niñez
» una experiencia alegre de tu niñez

Nuestro matrimonio
» cuándo y cómo se conocieron y se casaron
» nombres y edades de sus hijos e hijas
» oficios y profesiones de ustedes
» una experiencia alegre
» una experiencia triste
» una experiencia cumbre de su vida como pareja

Nombre de la esposa
» los mismos datos

♥♪♥

Características del matrimonio cristiano

1. **El hombre dejará a su padre y su madre**:
la separación de las familias de origen.
2 **No lo separe el hombre**:
una relación matrimonial permanente.
3. **Lo que Dios ha unido**: podemos amarnos
al grado que estemos fundados en Su amor.
4. **Los dos serán una sola carne**: buscar
un equilibrio entre la individualidad y la unidad;
aprender a vivir la **regla de oro**.
5. **Hombre y mujer los creó**: vivir juntos
para amar y servir a Dios y al prójimo.

Mateo 19:4-6

♥♪♥

El Gran Mandamiento

Amarás al Señor tu Dios con todo tu corazón,
y con toda tu alma, y con todas tus fuerzas,
y con toda tu mente;
y a tu cónyuge como a ti mismo.

Lucas 10:27
Versión APEMAL

♥♪♥

Bosquejo: Sesión II (cuatro horas)

Etapa III: La buena comunicación

1. Alabanza, preocupaciones, alegrías, bosquejo
2. **Enseñanza**: Dios y el valor del cónyuge
3. Ejercicio: Nuestros dones
4. **Enseñanza**: La comunicación y principios bíblicos
5. Ejercicio: El uso de principios bíblicos
6. **Enseñanza**: La importancia de la comunicación
7. Ejercicio: Compartir nuestros sentimientos
8. **Enseñanza**: El Ciclo de la Comunicación
9. **Enseñanza**: I. Cómo darse a conocer
10. Ejercicio: Se desarrolla la capacidad...

Descanso

11. **Enseñanza**: II. Cómo escuchar al otro
12. **Enseñanza**: Cómo completar el Ciclo...
13. Ejercicio: Se practica el Ciclo...
14. **Enseñanza**: El Arco Iris de la Comunicación
15. Ejercicio: El Uso del Arco Iris...
16. Ejercicio: "10 y 10"
17. **Enseñanza**: Reflexiones
18. **Enseñanza**: Cómo invitar a otras parejas...
19. Momentos finales

♥♪♥

La comunicación y principios bíblicos

1.	Mateo 5:37	'sí, sí; no, no.'
2.	Mateo 12:34-37	'por tus palabras serás justificado...o condenado.'
3.	Santiago 1:19	'pronto para oír.'
4.	Santiago 1:26	'refrenar la lengua.'
5.	Efesios 4:15	'hablar la verdad con amor...crecer en Cristo.'
6.	Efesios 5:19-20	'hablen con alabanza en sus corazones.'

♥♪♥

La importancia de la comunicación

1. La comunicación es compleja.
2. La comunicación se aprende.
3. Es imposible no comunicarnos.
4. La comunicación requiere la practica constante. El secreto es practicar, practicar.
5. La infelicidad o el fracaso matrimonial resulta de la inhabilidad de comunicarnos a niveles profundos.
6. Es un proceso gradual y de participación mutua.

♥♪♥

El ciclo de la comunicación

1. El **cónyuge emisor** manda un mensaje, dándose a conocer.
2. El **cónyuge receptor** escucha y resume.
3. El **cónyuge emisor responde:** confirma, clarifica o corrige lo entendido.
4. El **cónyuge receptor** invita al emisor a que diga más.

♥♪♥

I: El cónyuge emisor manda un mensaje, dándose a conocer

1. ***I*nformación** (percepciones): Yo veo... escucho... observo... noto... percibo...
2. ***R*eflexiones:** Yo recuerdo... pienso... entiendo ...creo... opino...
3. ***I*mportancia:** Significa para mí... Tiene_____importancia para mí
4. ***S*entimientos** (emociones): Me siento...Yo siento...

5. ***E*xpectativas:** Yo espero...
6. ***N*ecesidades:** Yo necesito...

7. ***D*eseos:** Yo quiero... deseo... anhelo...
8. ***I*ntenciones:** Yo me comprometo... Mi intención es... Me propongo...
9. ***A*cciones:** Yo hago...Yo voy a hacer...

♥♪♥

II. El cónyuge receptor escucha y resume

1. **Presta atención**: El receptor escucha activamente con mente, corazón y cuerpo. Observa las expresiones verbales y no-verbales.
2. **Resume**: Después de cada 1 ó 2 oraciones, resume lo escuchado...'Yo te entendí decir...', 'Yo entendí que decías...'
3. **Pregunta**: '¿Esto es lo que querías decir?', '¿Entendí bien?'

♥♪♥

III. El cónyuge emisor responde

1. **Confirma**: 'Sí, me entendiste bien...', 'Correcto...'
2. **Clarifica**: 'Además dije...'
3. **Corrige lo entendido**: 'Permíteme explicarte de nuevo...'

IV. El cónyuge receptor invita al emisor que diga más

1. Hasta que el emisor termine todo lo que quiere decir sobre el asunto en cuestión, o
2. Hasta completar el tiempo acordado y disponible.
3. Luego, los dos cambian papeles.

♥♪♥

Pautas para el diálogo conyugal

1. Sentarse frente a frente. Mirarse.
2. Respetar al otro y sus aportes. Esperar que termine, sin interrumpir.
3. Escuchar cuidadosamente. Aceptar los sentimientos del cónyuge.
4. Aceptar los aportes del otro aunque no esté de acuerdo.
5. Usar ¿qué?... ¿cómo?... ¿dónde?... ¿cuándo?... ¿quién?... ¿con qué?... sólo para aclarar lo que tu cónyuge quiere explicarte.
6. Emplear el Ciclo de la Comunicación.
7. Hablar y escuchar por turnos. Anotar tus ideas sin dejar de escuchar.

♥♪♥

Bosquejo: Sesión III (cuatro horas)

Etapa III: La buena comunicación (continuación)

1. Alabanza, preocupaciones, alegrías, bosquejo
2. **Enseñanza**: Jesús y las mujeres
3. Ejercicio: ¿De veras nos conocemos?
4. **Enseñanza**: El ciclo de la comunicación: plan de acción
5. Ejercicio: Plan de acción
6. **Enseñanza**: Puentes para la comunicación eficaz
7. Ejercicio: Compartir como pareja

Descanso

Etapa III: El uso creativo del conflicto

1. **Enseñanza**: El enojo y principios bíblicos
2. Ejercicio: El uso de principios bíblicos
3. **Enseñanza**: El primer conflicto
4. **Enseñanza**: El ciclo de cariño-enojo
5. **Enseñanza**: Métodos inadecuados...
6. Ejercicio 10 y 10: Cuando me enojo.
7. **Enseñanza**: Cómo procesar... y resolver...
8. Preguntas sobre la sexualidad
9. Despedida

♥♪♥

Jesús y las mujeres

1. Lucas 1:28 - María y Elisabet
2. Lucas 8:54 - la hija de Jairo
3. Lucas 8:40-56 - la mujer con flujo de sangre
4. Juan 19:27 - la madre de Jesús
5. Mateo 15:21-28 - la mujer griega
6. Marcos 12:41-44 - la viuda pobre
7. Lucas 10:38-42 - Marta y María
8. Juan 8:1-11 - la mujer adúltera
9. Juan 4:1-42 - la mujer samaritana
10. Juan 11:25 - Marta
11. Lucas 11:27 - una de entre la multitud
12. Lucas 8:1-3 - otras muchas mujeres
13. Lucas 23:49, 55-56; 24:1 - las que le seguían
14. Juan 20:15-16 - María Magdalena

♥♪♥

El enojo y principio bíblicos

a.	Proverbios 15:1	'la blanda respuesta quita la ira'
b.	Santiago 5:9	'no os quejéis unos contra otros'
c.	Efesios 4:25-27	'Airaos, pero no pequéis: no se ponga el sol sobre vuestro enojo'
d.	Mateo 5:39-41	'no resistais al que es malo'
e.	Mateo 18:15-17	'si tu hermano peca contra ti'
f.	Mateo 6:14-15	'perdónense, para que el Padre les perdone'
g.	Mateo 18:21-22	'70 x 7'
h.	Mateo 5:23-24	'deja tu ofrenda ... reconcíliate ... entonces ven'
i.	Lucas 6:27-28	'amad al enemigo ... haced bien ... bendecid ... orad'
j.	Romanos 12:2	'no os conforméis, sino transformaos'

♥♪♥

El Ciclo de Cariño-Enojo
(La búsqueda de intimidad)

El conflicto es normal

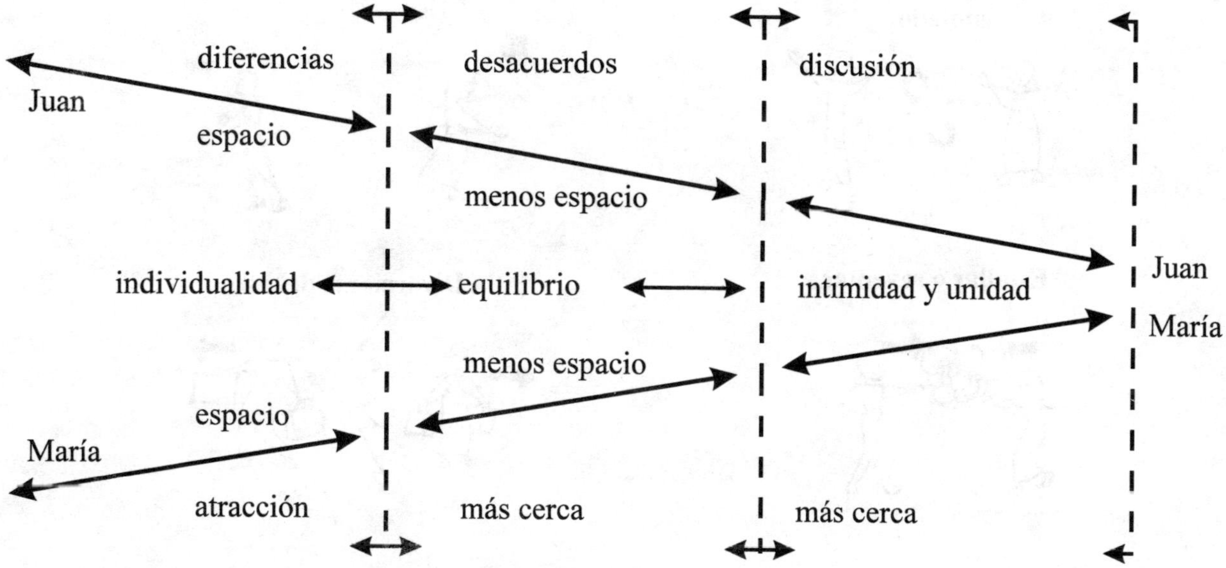

El enojo mal manejado ⟶ la separación por la dominación o el alejamiento

El enojo bien manejado ⟶ mayor intimidad y unidad a la vez que hay mayor respeto de la individualidad

♥♪♥

Tres posibles decisiones

Dominación

Resolución/Intimidad

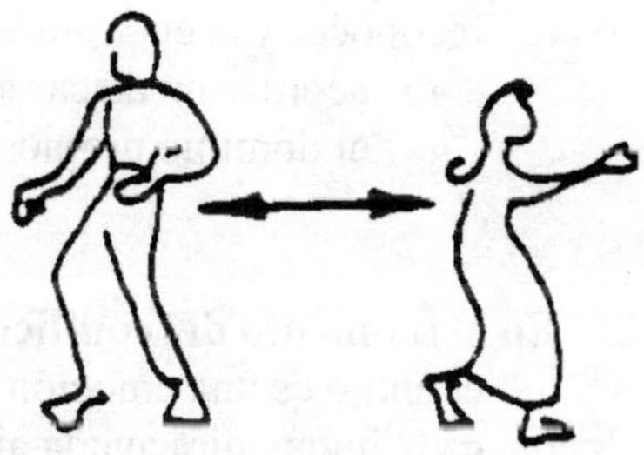

Alejamiento

♥♪♥

Métodos inadecuados para procesar el enojo

Negar que uno está enojado

Alejarse del otro

Estallar o reventar

Divorciarse del otro

♥♪♥

Procesar el enojo

1. **Antes del conflicto y entre conflictos:**
   a. afirmamos y edificamos la relación
      » practicar la regla de oro
      » amarnos como Jesús nos ama
      » cultivar la comunicación
      » valorarnos mutuamente
   b. cuando hay desacuerdo o conflicto, antes de que surja el enojo, ser el primero en decir: "Yo te quiero escuchar."
   c. reconocer y aceptar nuestros enojos
      » acordar no atacar al otro
      » el dominio propio es clave

2. **En el momento del conflicto:**
   a. el enojo es una emoción normal; admitirlo
   b. cada uno pedirá ayuda al otro
   c. buscar la emoción primaria detrás del enojo; compartirla y escucharse sin interrumpir
   d. perdonarse mutuamente

♥♪♥

Resolver el desacuerdo

1. **Considerar las opciones de resolución:**

    a. Capitulación

    b. Transacción

    c. Coexistencia

    d. Crear una nueva posibilidad

2. **Hacer un pacto para el uso creativo del conflicto:**
    a. el pacto establece lo que cada uno tiene la intención de hacer
    b. es fácil de llevar a la práctica
    c. por un corto período de tiempo (vigente hasta)
    d. es renegociable
    e. es un compromiso mutuo

Bosquejo: Sesión IV (cuatro horas)

Etapa III: El uso creativo del conflicto

1. Alabanza, preocupaciones, alegrías, bosquejo
2. **Enseñanza**: Tres preguntas
3. Ejercicio: Cómo valorarnos y respetarnos cada vez más
4. Ejercicio: ¿Cómo resolvemos los conflictos?
5. **Enseñanza**: Fuerza suficiente para resolver el conflicto con provecho
6. Repaso: El uso creativo del conflicto
7. Ejercicio: Las parejas preparan sus pactos

Descanso

Etapa III: La sexualidad

1. **Enseñanza**: Un nuevo modelo para comprender la sexualidad
2. Ejercicio: 10 y 10: Nuestra relación sexual
3. **Temario**: Conversación sobre sus preguntas
4. Despedida

♥♪♥

La sexualidad

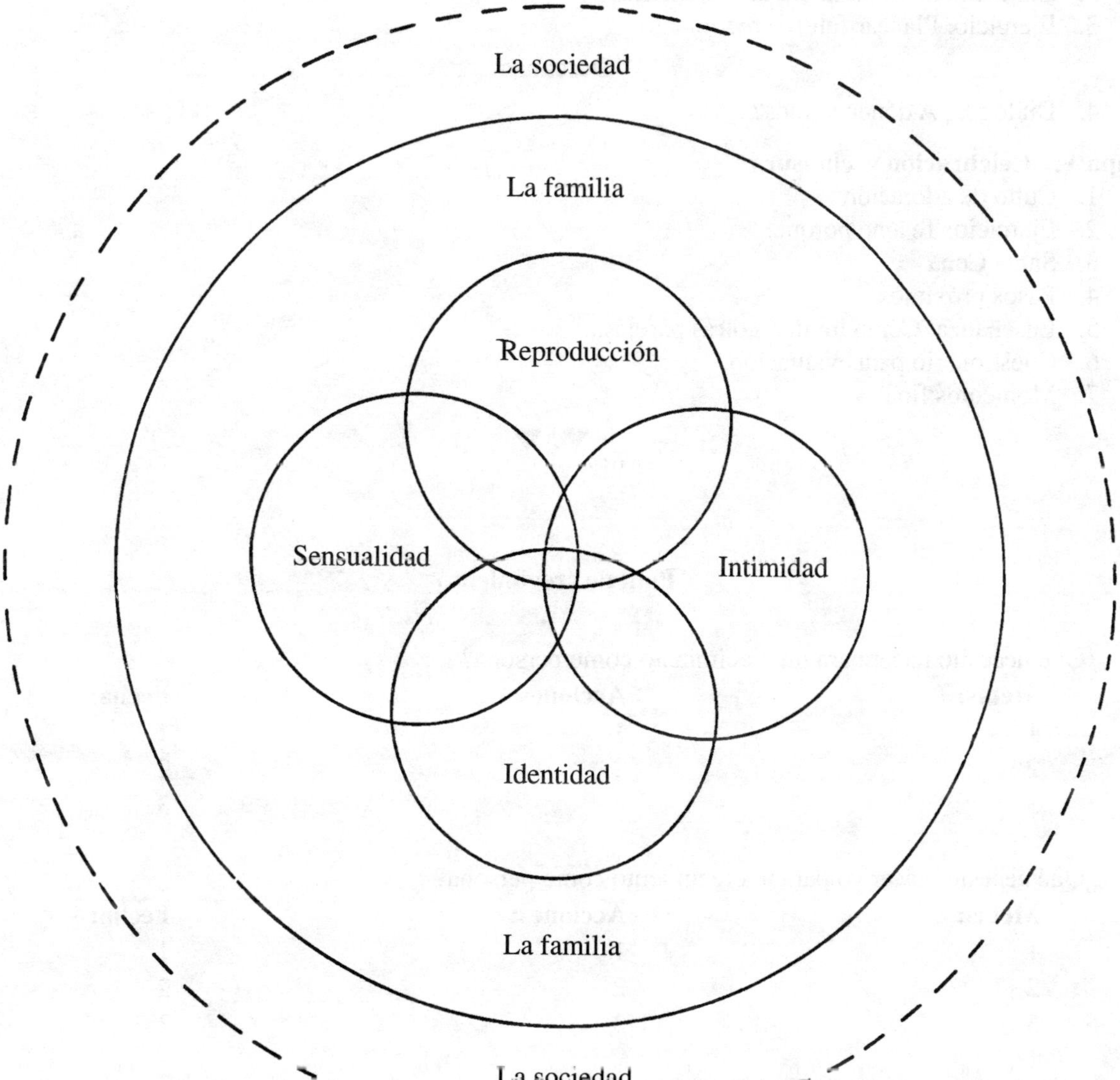

♥♪♥

Bosquejo: Sesión V (cuatro horas)

Etapa IV: Preparar un plan de crecimiento

1. Alabanza, preocupaciones, alegrías, bosquejo
2. **Enseñanza**: La parábola de los talentos
3. Ejercicio: Planear futuro crecimiento

Descanso

4. Diálogo: ¿A dónde vamos?

Etapa V: Celebración y clausura

1. Culto de adoración
2. Ejercicio: Te amo porque...
3. Santa Cena
4. Pasos próximos
5. Enseñanza: Cómo invitar a otras parejas...
6. Cuestionario para evaluación
7. Momentos finales

♥♪♥

Plan de crecimiento

1. ¿Qué necesito hacer para mi crecimiento como persona?

Metas:	**Acciones:**	**Fecha:**
1	1	1
2	2	2
3	3	3

2. ¿Qué necesito hacer yo para tu crecimiento como persona?

Metas:	**Acciones:**	**Fecha:**
1	1	1
2	2	2
3	3	3

3. ¿Qué necesitamos hacer para crecer como pareja?

Metas:	**Acciones:**	**Fecha:**
1	1	1
2	2	2
3	3	3
4	4	4

♥♪♥

APÉNDICE D

EL TALLER DE ENRIQUECIMIENTO MATRIMONIAL (TEM)

♥♪♥

RECURSO PARA LA RENOVACIÓN DE VOTOS MATRIMONIALES

Si la pareja facilitadora y los participantes así lo desean, pueden usar esta renovación de votos matrimoniales como parte del culto final del TEM, o en cualquiera de los talleres (TBE, TEA) de APEMAL. Aquí tienen un recurso idóneo. Si quieren, pueden integrar estos párrafos tal como son o también incluir oraciones y escrituras apropiadas.

Lo que se les ofrece son: (1) las palabras del celebrante dirigidas a la pareja, una declaración de propósito; (2) las promesas mutuas que el hombre y la mujer pueden decir el uno al otro; y (3) la bendición.

I

Celebrante: "Manifiesten ahora su compromiso, estrechándose la mano derecha y expresando ante Dios y la iglesia sus promesas matrimoniales. Les recuerdo que únicamente el amor de Dios y la fidelidad les servirán como fundamento de un hogar dichoso y perdurable. No hay lazos humanos más tiernos ni promesas más sagradas que las que ahora van a hacer."

II

Seguidamente, el hombre toma la mano de ella, y luego, la mujer toma la mano de él y repiten lo que sigue, llamándose por sus respectivos nombres:

"___________________, confirmo ante Dios y esta comunidad de amigos lo que ya te he asegurado: porque te amo te recibo como mi esposa/o, para cuidarte y ayudarte, para alentarte en todo lo que emprendas y darte todo el apoyo que necesitas, respetando tu personalidad y vocación, para edificar juntos la vida en amor y crecer en la relación con Dios y el prójimo, sea en tiempo de enfermedad o de salud, de necesidad o de abundancia, de tristeza o alegría, según la voluntad de Dios, con cuya ayuda espero realizar cuanto aquí te digo, para siempre."

III

Reconocemos y bendicimos la unión matrimonial, estando los cónyuges arrodillados y uniendo las manos derechas (posición en que estarán hasta que el celebrante termina la bendición):

Celebrante: "_________ y __________ (o ustedes) han renovado su decisión y ratificado las promesas que les han mantenido unidos hasta hoy en matrimonio, confirmándolo por la unión de las manos. Nosotros los bendecimos como esposo y esposa en el nombre del Padre y del Hijo y del Espíritu Santo."

---

1. Adaptado con permiso del Libro de Celebraciones de la Iglesia Evangélica Metodista en América Latina, *Festejamos Juntos al Señor. Reservados todos los derechos, 1989, Asociación Ediciones La Aurora, Buenos Aires, Argentina, páginas 96,97.*

CENTROS DE INSTRUCCIÓN

♥♪♥

Tres posibles maneras para sacar provecho de esta lista de Centros de Instrucción son:

(1) Ponerse en contacto con una pareja instructora del Centro de Instrucción más cercano y participar en un taller;
(2) Recibir ayuda en la organización de los talleres en su iglesia o localidad;
(3) Comunicarse con el Centro de Instrucción más cercano, recibir el entrenamiento y certificarse para dirigir los Talleres de Enriquecimiento Matrimonial y así guiar a otras parejas hacia el crecimiento positivo.

Requisitos para las certificaciones: Vea Tomo II en la Sesión VI, Asuntos finales del Taller Básico de Entrenamiento (TBE) se detalla cómo usted y su cónyuge pueden llegar a ser una pareja facilitadora (Nivel II). En las páginas introductorias del Taller de Entrenamiento Avanzado (TEA) se explican los pasos necesarios para certificarse como una pareja instructora (Nivel III) y una pareja instructora avanzada (Nivel IV).

Dónde pueden certificarse. Para recibir información en cuanto al lugar más cercano, pueden escribir, FAX o telefonear a una de las **parejas entrenadas para ser pareja instructora*** de la lista que sigue:

AMÉRICA DEL SUR

ARGENTINA

Buenos Aires:

*1. Ruth y Alejandro Cortés, Concordia 4746 P.B. Departamento A, 1419, Capital Federal, ARGENTINA. Teléfono: 54-1-504-4698.
*2. Mary y Fernando Díaz, Dr. Melo 3281,1824 Lanús Oeste, Buenos Aires, ARGENTINA. Teléfono: 54-1-249-8062.
*3. Mirta y Alberto Diomede, Diego de Rojas 177, 1714 Ituzaingo, Buenos Aires, ARGENTINA. Teléfono: 54-1-623-6803.
*4. Norma y Daniel Etchart, Casilla de Correo 595, 1000 Correo Central, Buenos Aires, ARGENTINA. Teléfono: 54-1-621-2480 (JUCUM), E-mail: <jm_liste@LOGOS.COM.AR>
*5. Sonia y Edgar Surenian, Av. Gral. Paz 11.382, 1408 Buenos Aires, ARGENTINA. Teléfono: 54 1 642 4174. TeleFAX: 54-1-653-0558, E-mail: <edgar@suren.satlink.net>.

Córdoba:

*1. Ruth y Julio Acuña, Pje. 18 Nº 5587, Villa El Libertador, 5000 Córdoba, ARGENTINA. Teléfono: 54-51-94-1254, FAX: 54-51-26-8168 (Atención: Ricardo Aliaga).
*2. Graciela y Ricardo Aliaga, Navarro 1829, Bº Colón, 5014 Córdoba, ARGENTINA. Teléfono: 54-51-94-8898; FAX: 54-51-26-8168 (Atención: Ricardo Aliaga).
*3. Laura y Miguel Cos, Viña del Mar 4463, Bº Farina, 5016 Córdoba, ARGENTINA. Teléfono: 54-5 1-61-4786.

*4. Aida y Miguel Jiménez, Quintana 490, B° Carlos Pelegrini, 5136 Alta Gracia, ARGENTINA. Teléfono: 54-54-72-6351; FAX: 54-54-72-9890 (Atención: Miguel Jiménez).
*5. María y Pedro Gustowski, Pje. 18 N° 5587, Villa El Libertador, 5017 Córdoba, ARGENTINA. Teléfono: 54-51-941-254, FAX: 54-51-26-8168 (Atención: Ricardo Aliaga).
*6. Alejandra y Luis Pinus, Casa 21 Mza. 52, Barrio Don Bosco, 5003 Córdoba, ARGENTINA. TeleFAX: 54-51-840-936.

Corrientes:
*1. Susana y Victor Gallo, Barrio Molina Punta-500 Vdas. Mzna.61-14-1-Casa 14, 3400 Corrientes, ARGENTINA. Teléfono: 54-783-56582; TeleFax:54-783-35363/34309.
*2. Lorena y Juan Antonio González, Pje. Atenas 383 (al fondo), 3400 Corrientes, ARGENTINA. Teléfono: 54-783-35337, E-mail: <ndimension@compunort.com.ar> (Pujols).

Mendoza:
*1. Dámaris y Jorge Hugo Santander, c/o Familia Derimais, Hipólito Irigoyen 148, 5584 Palmira, Mendoza, ARGENTINA. FAX: 54-623-25472 (Atención: Jorge Hugo Santander)

Resistencia:
TeleFax:54-722-32225 (Pastor Alejandro Juszczuk).
*1. Norma y Miguel Ayosa, Soberanía Nacional 931, 3500 Resistencia, Chaco, ARGENTINA. Teléfono: 54-722-44285.
*2. Patricia y Daniel Correa, Gerardo Varela 1619, Villa Encarnación, 3500 Resistencia, Chaco, ARGENTINA.
*3. María y Demetrio González, Calle San Luis N° 66, 3500 Resistencia, Chaco, ARGENTINA. Teléfono: 54-722-22020.
*4. Mary del Carmen y Jesús Mauri, Avda. Chaco 1402, Barrio Gastronómico U.F. 38, primer piso, Sector D, 3500 Resistencia, Chaco, ARGENTINA.
*5. Mirian y Carlos Ortiz, Qta. 1, Mz. 11, Casa 11, Barrio Guiraldes, 3500 Resistencia, Chaco, ARGENTINA. Teléfono: 54-722-37451. FAX: 54-722-51000.
*6. Mirian y Alberto Sosa, French 1452, Barrio San Martín, 3500 Resistencia, Chaco, ARGENTINA. Teléfono: 54-722-29519, E-mail: <sosamirian@cpsarg.com>.
*7. Mónica y Gustavo Sosa, Calle Dr. Gerardo Varela 1624, Resistencia, Chaco, ARGENTINA. Teléfono: 54-722-63848, E-mail: <sosamirian@cpsarg.com>.

Río Gallegos:
1. Peggy y David Fenton, Estancia Monte Dinero SA, C.C. 86, 9400 Río Gallegos, ARGENTINA. Teléfono: 54-966-20325 (casa), FAX:54-966-26900 (estancia).

Santa Fe:
* 1 Rosa y Gustavo Aguilar, Primero de Mayo 7058, 3000 Santa Fe, ARGENTINA. Teléfono: 54-42-60-3574.
* 2. Miriam y José Faienza, Calle Larrea 2387, 3000 Santa Fe, ARGENTINA. Teléfono: 54-42-69-3652.
* 3. Nilda y Mario Garnier, Belgrano 79969, 3000 Santa Fe, ARGENTINA.
* 4. Guadalupe y Miguel Loza, Regimiento 12 de Infantería 2355, 3000 Santa Fe, ARGENTINA. Teléfono: 54-42-69-5074.
* 5. María y Jorge Palavecino, Berutti 5020, B° Liceo, 3000 Santa Fe, ARGENTINA. Teléfono: 54-42-88-0554.

BOLIVIA

Cochabamba:

1. Mary Luz y William Herrera, Casilla 254, Cochabamba, BOLIVIA.
   Teléfono: 591-42-23708/22843 (Oficina, IEMB, Distrito Central).

Santa Cruz:

1. Ceci y Tim Ramsey, EPLABOL, Casilla 3827, Santa Cruz, BOLIVIA.

*2. Gina y Juan Carlos Sainz, Av. Centenario Nº 175, Casilla 2832, Santa Cruz, BOLIVIA.
Teléfono: 591-3-22-1900 (casa); 591-3-53-8534 (oficina regional: atención: Juan Carlos Sainz); FAX: 591-3-52-6357.

3. Sandra y Ogier Soliz, Av. Mutualista, Calle 37 Nº 192, Santa Cruz, BOLIVIA.

CHILE

Calama:

*1. Carmen Alvarez y Santiago Castellón, Casilla 112, Calama, CHILE. Teléfono: 56-55-311-616 (iglesia).

Iquique:

*1. Katherine Sampson y Sergio Campillay, c/o Roberto Stevens, Casilla 67, Santiago 21, CHILE.

Osorno:

*1. Ilia Arias y Javier Apablaza, Calle Baquedano 940, Casilla 941, Osorno, X Región, CHILE.
Teléfono: 56-64-204-853 (casa); TeleFAX: 56-64-233-709 (iglesia).

Punta Arenas:

*1. Gloria Villegas y Flavio Hernández, El Puestero 0649, Punta Arenas, CHILE. Teléfono: 56-61-217-682, TeleFAX: 56-61-221-894 (iglesia).

*2. Marcela Chávez y Fernando Yañez, Padre Aliberti 0741, Punta Arenas, CHILE. Teléfono: 56-61-215-833; TeleFAX: 56-61-221-894 (iglesia).

Rancagua:

1. Silvia Muñoz y Juan Godoy, Pasaje 8 Norte Nº 771, Pobl. Isabel Riquelme, Rancagua, VI Región, CHILE. Teléfono: 56-57-237-041, FAX: 56-72-231-371 (Krebs).

*2. Alejandra Fernández y Richard Latin, Av. Centenario Nº 581, Rancagua, VI Región, CHILE.
Teléfono: 56-72-253-681, FAX: 56-72-231-371 (Krebs).

Santiago:

*1. Martha Niño y Juan Manuel Encinales, Casilla 10161, Santiago 21, CHILE.
Teléfono: 56-2-557-9922, FAX: 56-2-557-9833 (JUCUM)

2. Mabel González y Roberto Stevens, Av. Irarrazaval 4948, Casilla 67, Santiago 21, CHILE.
   Teléfono: 56-2-226-1497 (casa), FAX (Episcopal) 56-2-554-1763.

Valparaiso.

*1. Ruth Stevens y Carlos Orellano, Zenteno 424, Block 2, Dpto. 253, Cº Larraín, Valparaiso, CHILE.
Teléfono: 56-32-217-347.

Villa Alemana

*1. Danila Luna y Alberto Cepeda, Los Maitenes 2043, Bº Villa Esperanza, Villa Alemana, CHILE.

COLOMBIA

Bogotá:

FAX (para todos): 57-1-201-7604 (iglesia)

* 1. Flor Marina y Miguel Aya, A.A. 1599, Bogotá, COLOMBIA. Teléfono: 57-1-2247-3564.
* 2. Diana y Carlos Echeverri, Calle 33sur Nº 77A-34 Int. 4 Apto. 201 Bl.15, Bogotá, COLOMBIA. Teléfono: 57-1-293-5286.
* 3. Elsy y Carlos Lamprea, Calle 44A Nº 78-63, A.A. 53762, Bogotá, COLOMBIA. TeleFAX: 57-1-240-9120.
* 4. Marlene y Gregorio López, c/o Omar Martín, A.A. 1435, Bogotá, COLOMBIA. Teléfono: 57-1-687-9231; 57-1-370-4411 (iglesia).
* 5. Isabel y Omar Martín, A.A. 1435, Bogotá, COLOMBIA. Teléfono: 57-1-370-4411 (iglesia), FAX:57-1-201-7604 (iglesia).
* 6. Liliana y Cornelio Martínez, Cra. 69 Nº 6B-35, Bogotá, COLOMBIA. Teléfono: 57-1-260-7597.
* 7. Nancy y Jorge Numpaque, Av. 30 Nº 1D-05, Bogotá, COLOMBIA. Teléfono: 57-1-237-7084.

Bucaramanga:

1. Eddy y Juan Encinales, Calle 52 Nº 24-31, Bº Nuevo Sotomayor, Bucaramanga, COLOMBIA. Teléfono: 57-76-471-319; TeleFAX: 57-76-471-090 (colegio).

* 2. Cenith y Omar Ordóñez. Calle 106 Nº 33-28, Bº Caldas, Bucaramanga, COLOMBIA. TeleFAX: 57-76-368-860 (iglesia).
* 3. Olga Lucía y Orlando López, Carrera 34 Nº 44-46, Bucaramanga, COLOMBIA. Teléfono: 57-76-471-183 (iglesia); FAX: 57-76-437-624; E-mail:<comunife@multinet.com.co>.
* 4. Marilú y Ricardo Rodríguez, A.A. 1624, Bucaramanga, COLOMBIA. Teléfono: 57-76-368-066 (casa)/455-474, TeleFax: 57-76-351-549 (oficina).

Cali:

* 1. Vicky y Carlos Cuervo, Calle 13 Nº 23D02, 2º Nivel, Cali, COLOMBIA. Teléfono: 57-2-557-4717 (oficina).
* 2. Omaira y Freddy García, Calle 42 Nº 5-45, Cali, COLOMBIA. Teléfono: 57-2-441-5126 (casa); TeleFAX: 57-2-445-3073/4954.
*3. Ana María y Samuel Martínez, Calle 6 Oeste, Nº 25-115, Tejares, Cali, COLOMBIA. TeleFAX: 57-2-665-8076 (oficina).
* 4. Vicky y Alvaro Maya R., Calle 11 Nº 3-67, of. 803, Cali, COLOMBIA. TeleFAX: 57-2-883-1100.
* 5. Gladys y Ricardo Molina, A.A. 10750, Cali, COLOMBIA. Teléfono: 57-2-664-9925 (casa), FAX: 57-2-445-3073/4954 (García)
* 6. Stelly y Lizandro Murillo, JUCUM, A.A. 10750, Cali, COLOMBIA.
* 7. Lizbeth y Fernando Torres, A.A. 9703, Cali, COLOMBIA. TeleFAX: 57-2-449-2294 (casa).

Cartagena:

* 1. Diana y Markus Buser, A.A. 3526, Cartagena, COLOMBIA. Teléfono: 57-5-660-5748, E-mail: <103707.2307@compuserve.com>.
* 2. Socorro y Eloy Zúñiga, A.A. 2959, Cartagena, COLOMBIA. Teléfono: 57-5-666-2835; FAX: 57-5-656-0413.

Medellín:

1. Luz Elena y Carlos Díaz, A.A. 96051, Medellín, COLOMBIA. Teléfono: 57-4-277-2956; FAX: 57-4-288-0808.

PARAGUAY

Asunción:

* 1. Lourdes y René Ayoroa, JUCUM, C.C. 1961, Asunción, PARAGUAY. Teléfono: 595-21-60-4026 (mensajes).
* 2. Sofía y Julio Cicorio, c/o Comunidad Cristiana, C.C. 1366, Asunción, PARAGUAY.
* 3. Norma y Arnaldo González, C.C. 1001, Asunción, PARAGUAY. Teléfono: 595-21-74-296.
4. Gloria y Santiago Maldonado, C.C. 1366, Asunción, PARAGUAY. Teléfono: 595-21-49-0458 (oficina).
5. Raquel y Alberto Maldonado, C.C. 1366, Asunción, PARAGUAY. Teléfono: 595-21-49-0458 (oficina).
* 6. Ana y Ceferino Romero, C.C. 1124, Asunción, PARAGUAY. Teléfono: 595-21-20-0933.
* 7. Liliam y Tomás Ruiz, C.C. 1366, Asunción, PARAGUAY. Teléfono: 595-21-49-0458 (oficina).

URUGUAY

Montevideo:

1. Ruth Caffarel y Enrique Píppolo, Luis A. de Herrera 2799, Montevideo, URUGUAY. Teléfono: 598-2-81-8978; TeleFAX: 598-2-47-2181 (B. Ferrari).

Rivera:

1. Una Campbell y Wilker Reyes, Ituzaingo 419, Rivera, URUGUAY. Teléfono: 598-622-4350 (casa e iglesia); FAX: 598-622-3920 (Atención: Una o Wilker Reyes).

VENEZUELA

Mérida:

1. Yolgina y Néstor Rodríguez, JUCUM, Aptdo. 850, Mérida 5101-A, VENEZUELA. Teléfono: (074) 66-41-47;

Rubio:

1. Nelda y Anderson Cáceres, Calle 9 Nº 9-24, Rubio Centro, Edo. Táchira, VENEZUELA. Teléfono: 58-76-62-4498.

San Cristóbal:

1. Lilia y Gustavo Mejías, Apdo.573, San Cristóbal 5001-A, Edo. Táchira, VENEZUELA. Teléfono: 58-76-85-893.

AMÉRICA DEL NORTE

ESTADOS UNIDOS DE NORTEAMÉRICA

Indiana:

*1. Marilynn y Keith Hamilton, 1070 W. Jefferson St., Franklin, Indiana 46131. TeleFAX: 317-736-1286, E-mail: <kandmham@juno.com>.

EUROPA

ALEMANIA

*1. Christine & Georg Schubert, Bäckergasse 8, D-91592 Buch am Wald, ALEMANIA. TeleFax: 49-9867-17-13, E-mail: <101630.2045@compuserve.com>.

ESPAÑA

*1. Amalia Corvalán y Sergio Canales, Brasil 22 1º-4, 28850 Torrejón de Ardoz, Madrid, ESPAÑA. TeleFAX:34-1-677-1663, E-mail: <113276.46@compurserve.com>.

INGLATERRA

*1. Carlie & Simon Thomas, 1 Oakfield Rd., Ashtead KT21 2RE, ENGLAND. Teléfono: 44-(0)1372-813-334.

2×2=BOO!

A Set of Spooky Multiplication Stories

written and illustrated by

Loreen Leedy

SCHOLASTIC INC.
New York Toronto London Auckland Sydney
Mexico City New Delhi Hong Kong

ISBN 0-590-05886-X

12 11 10 9 8 2/0

Printed in the U.S.A. 14
First Scholastic printing, September 1997

Contents

How do you make a vampire disappear?
How do you turn one bag of candy into five bags?
And how do you double a moose head?
All you have to do is MULTIPLY!
The first chapter is about multiplying with zero.
The next chapter is about multiplying with the number one.
Keep going, and by the time you've read all the stories, you will know the multiplication facts from 0 to 5.
Have fun!

CHAPTER 0

The Disappearing Zero

Just the other day, a nasty vampire attacked us, so Griselda multiplied him by ZERO . . .
1 x 0 = 0!
. . . and made the vampire vanish!
I know—one vampire times ZERO equals ZERO vampires.

Well, Jinks can multiply, too. Two huge bats grabbed me last week, so she cried:
2x0=0!
Get it? Two bats times ZERO equals ZERO bats.
Big deal. Three angry snakes were chasing us, so Griselda yelled:
3x0=0!
See? Three snakes times ZERO equals ZERO snakes.

So what? Four enormous spiders jumped us, so Jinks shouted:
4×0=0!
Four spiders times ZERO equals ZERO spiders.
Well, whoop-de-doo! Five ghosts surrounded us and Griselda just screamed:
5×0=0!
Five ghosts times ZERO equals ZERO ghosts.

Griselda is the best witch in town!
Jinks is ten times better!
Oh yeah? This is for you:
1 x 0 = 0!
And this is for you:
1 x 0 = 0!
Here kitty, kitty!
Inkling, where are you?

Chapter 1

One More Time

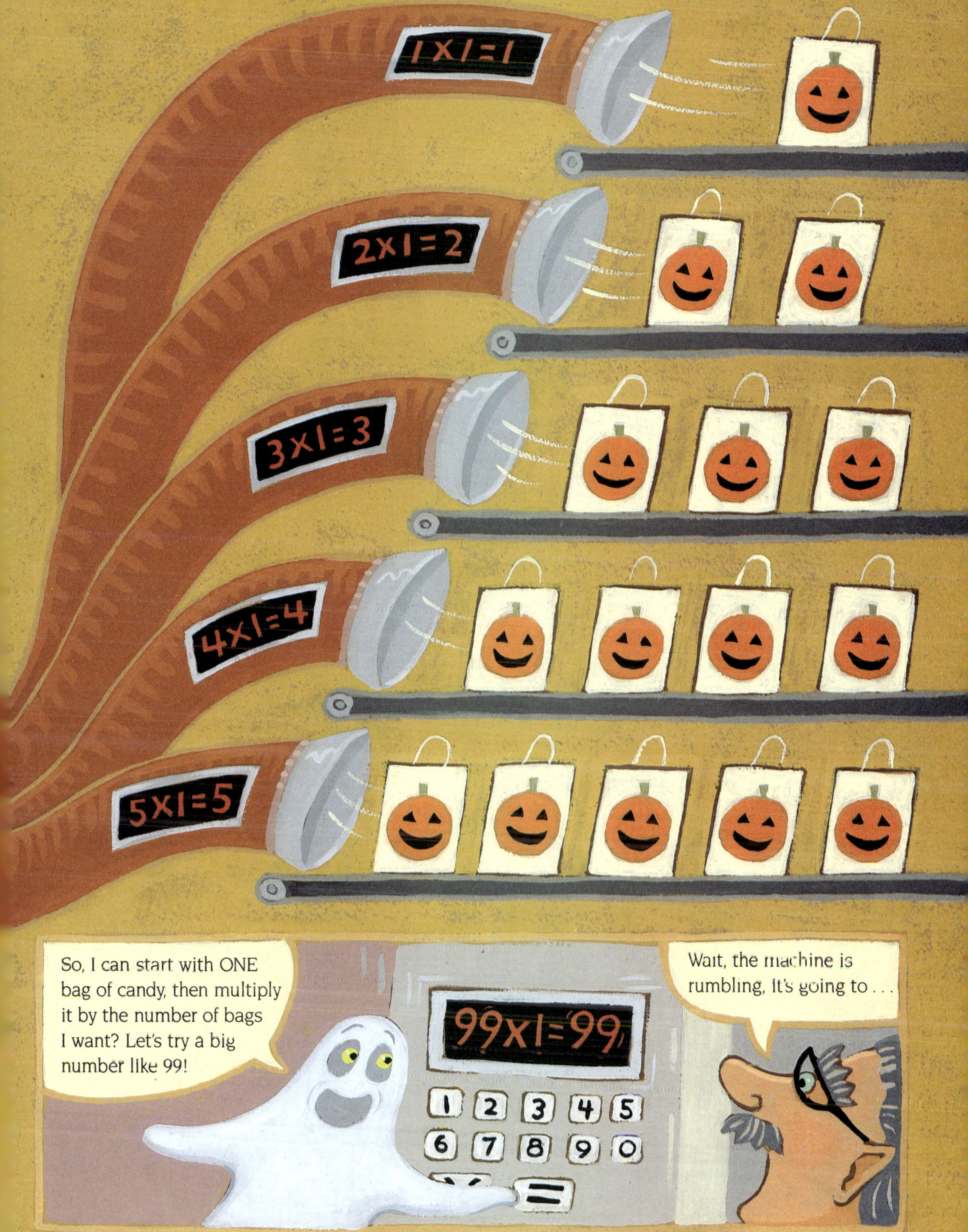

1×1=1
2×1=2
3×1=3
4×1=4
5×1=5
So, I can start with ONE bag of candy, then multiply it by the number of bags I want? Let's try a big number like 99!
99×1=99
Wait, the machine is rumbling, it's going to . . .

BOOM!
Wow! Thank you, Dr. Albert.
You're welcome, Nelson.

CHAPTER 2
Seeing Double

Okay, I'll try it on that goofy moose head.
1×2=2!
Wow—two moose heads!
Let's double these two wrinkly boots.
2×2=4!
Four boots . . . amazing!
How about these three old hats?
3×2=6!
Hee-hee-hee—six hats!

Next, these four raggedy brooms:
4×2=8!
Eight brooms!
Now, these five dusty books:
5×2=10!
That's ten books! What can I double next?
Zelda! Have you finished cleaning up there yet?
Not quite, Mom!
Oh no . . . it's going to take twice as long with all this extra stuff.

Hey, I have a great idea—
I'll use this mirror to
double myself:
1 × 2 = 2

Zelda, what's taking
you so long? . . . EEEK!
Hi, Mom!
Hi, Mom!

CHAPTER 3

Triple Scare

Each head needs two eyes.
Two eyes times THREE equals six eyes.
2×3=6
Each mouth needs three teeth.
Three teeth times THREE equals nine teeth.
3×3=9
Each body will need two arms and two legs . . . which makes four limbs.
Four limbs times THREE equals twelve limbs.
4×3=12

Give each scarecrow five strings for hair.
Five strings times THREE equals fifteen strings for hair.
5×3=15
Did she say scarecrow? I better warn the others!
Let's get 'em!
Let's go outside and scare those crows.
Shhh!

CAW!
CAW!
CAW!
CAW!
Help! A giant crow!
Well done, Riley.

CHAPTER 4

Foursight

1×4=4
So, if I get one cookie, you get FOUR cookies?
You've got it!

2×4=8
Then, if I get two rotten apples, you get eight?
Well, yes.

3×4=12
And if I get three slimy worms, you get twelve.
Oooooh!

4×4=16
When I get four stinky fish, you get sixteen.
Phew.

5x4=20
And when I get five warty toads, you get twenty!
Forget it. I'm leaving.

Looks like I'll have to eat these cookies all by myself.
What about us?

CHAPTER 5

Boo Stew

Splendid. First, it calls for one bouncy eyeball.
1x5=5
That'll be five bouncy eyeballs.
The Eyes Have IT
Fine. Next, it says two knobby knuckles.
2x5=10
Ten knuckles coming up.
Pickled Knuckles
Three pointy ears . . .
3x5=15
Fifteen ears.
Ear Fulls

Four smelly toes . . .
4x5=20
Twenty toes.
Twinkle Toes
Last, but not least, five scaly tails!
5x5=25
Twenty-five tails with scales!
Tails From Two Cities
Now it has to simmer awhile.
Later...
Mmmm . . .the stew smells wonderful. Let me take a peek.

Boo!
Eeek!

It's perfect, Mr. Bones! You're a genius.
Why thank you, Mrs. Tibia.

Turn the page for
just the facts.

1×0=0 2×0=0 3×0=0 4×0=0 5×0=0
Any number times ZERO will equal ZERO.
That's for sure.
1×1=1 2×1=2 3×1=3 4×1=4 5×1=5
Any number times one will equal that number.
Even a really *big* number.
1×2=2 2×2=4 3×2=6 4×2=8 5×2=10
You can double any number by multiplying it by TWO.
You can double any number by multiplying it by TWO.

1×3=3
2×3=6
3×3=9
4×3=12
5×3=15
To triple a number, just multiply it by THREE.

1×4=4
2×4=8
3×4=12
4×4=16
5×4=20
If I multiply by FOUR, I get four times as much.
Don't touch those cookies.

1×5=5
2×5=10
3×5=15
4×5=20
5×5=25
Here are the FIVE desserts for tonight.
EEEK! I love scream puffs.

X 1 2 3 4 5
1 1 2 3 4 5
2 2 4 6 8 10
3 3 6 9 12 15
4 4 8 12 16 20
5 5 10 15 20 25
Now that's what I call a multiplication table!